JOÃO CORTEZ

O COACH
E O
EXECUTIVO

Guia completo para uma
formação grandiosa de coaching
executivo para coaches e líderes

Copyright© 2018 by Editora Leader
Todos os direitos da primeira edição são reservados à Editora Leader

Diretora de projetos
Andréia Roma

Revisão:
Editora Leader

Capa
Editora Leader

Projeto Gráfico, editoração e capa:
F|Martins Prosperidade

Foto do autor:
Ana Cortez

Atendimento:
Rosângela Barbosa e Liliana Araújo

Diretor executivo
Alessandro Roma

Dados Internacionais de Catalogação na Publicação (CIP)
Bibliotecária responsável: Aline Graziele Benitez CRB-1/3129

C858c Cortez, João Luiz
1. ed.   O coach e o executivo / João Luiz Cortez. 1 Ed. – São Paulo: Leader, 2018.

284 p.;

ISBN: 978-85-5474-018-4

1. Coach. 2. Administração - executivo. 3. Gestão empresatial. 4. Performance. I. Título.

CDD 658.1

Índices para catálogo sistemático:
1. Coach: administração
2. Gestão empresarial: performance

2018
Editora Leader Ltda.
Rua Nuto Santana, 65, 2º andar, sala 3
02970-000 – São Paulo – SP – Brasil
Tel.: (11) 3991-6136
andreiaroma@editoraleader.com.br
www.editoraleader.com.br

Para Gabi, presença transformadora na minha vida.

AGRADECIMENTOS

Essa obra representa a experiência de mais de uma década dedicada ao coaching e ao desenvolvimento de pessoas. Ela não seria possível sem a contribuição de várias delas merecedoras da minha gratidão.

Gratidão aos meus coachees com quem tenho aprendido imensamente nesses anos dedicados ao coaching e ao desenvolvimento de pessoas. Ao olhar para cada um deles, a cada sessão, com imensa curiosidade em descobrir de que forma eles seguirão nas suas jornadas de vidas grandiosas, recebo novos conhecimentos, experiências e caminhos diferentes dos que eu seguiria e que enriquecem tanto a minha percepção de tudo.

Deixo também aqui um imenso agradecimento a todos os executivos, coaches, consultores e profissionais de Recursos Humanos do Brasil e de vários outros países que me receberam para as entrevistas geradoras de material para todo o livro e principalmente para o Capítulo 4, assim como aos que contribuíram com envio de textos e com opiniões à medida que esse material ia sendo escrito.

Não poderia deixar de mencionar meus mestres queridos que ao longo de uma vida serviram principalmente de exemplo. Carrego um pouquinho de cada um deles a cada formação, treinamento e sessão que conduzo. Da mesma forma às comunidades de coaching que participo e já participei.

Gratidão e admiração a minha filha amada Gabriela que com tão pouca idade tem uma sabedoria e uma bondade que não sei se terei ainda nessa vida.

Gratidão especial à equipe da Iluminatta Escola de Transformação, esse fantástico time que de uma forma linda e especial é apaixonado pela missão de Transformar Empresas e Pessoas na Construção de um Mundo Melhor. Da mesma forma aos nossos parceiros e, em especial, a Soraia Mathias com quem aprendi que é possível para um ser humano mudar totalmente.

Aos meus pais e ancestrais pois eles estão aqui comigo e interferiram no que escrevi, assim como minha família e a Nicolai Cursino meu sócio com quem divido a caminhada profissional desde 2007 quando fomos juntos para a Califórnia fazer uma formação em PNL. Ele incentivou (e cobrou) que eu escrevesse esse livro, assim como a Joel Câmara que com uma pergunta de coaching, em uma das noites de nossos treinamentos no Chantao local onde fazemos nossas formações, causou um impacto que resultou nesse livro que está nas suas mãos.

João Cortez
Outubro de 2017

PREFÁCIO

O QUE VOCÊ REALMENTE QUER?

Esta é uma das mais inquietantes e potencializadoras perguntas que se nos apresenta a vida.

Ela pode se apresentar de outras formas tão instigantes quanto, tais como "Qual será sua obra?", "Que pegadas você quer fiquem visíveis de sua passagem?", ou "Que legado você quer deixar?" Na relação que todos temos com o recurso gratuito mais precioso que temos a disposição, ela pode assumir o formato de "o que estás a fazer com o tempo que te é dado?", e, com o passar dos anos, formato ainda mais inquietante no "O que farás com o tempo que ainda te resta?".

No processo de respondê-la, ela embute dentro de si a sabedoria dos Upanishads dos Vedas, o sagrado conhecimento dos hindus, que brandem um retumbante "O que for a profundidade de ser seu ser assim será o seu desejo; o que for o seu desejo, assim será a sua vontade; o que for a sua vontade, assim serão os seus atos, e o que forem os seus atos, assim será o seu destino".

Porque demanda peremptoriamente que façamos escolhas, estas janelas sempre abertas da voluptuosa liberdade de existir, ser e fazer, que pressupõem que ficaremos com isto e não com aquilo, que casaremos com esta pessoa e não com aquela, e por ai vai, a pergunta desencadeia processos, às vezes tormentosos, de angustias se não encarada, ou de ansiedades, mesmo quando encarada, e, neste caso, normalmente, de maneira não apropriada. Permanecer distraído, ou, pior, recusar-se a respondê-la, é andar a esmo, podendo chegar a qualquer porto, e, sempre possível, candidatar-se a doenças da alma, à involução do "até aquilo que recebeu lhe será tirado" da parábola bíblica dos talentos.

Quando trazida à plena luz da consciência, e, sistêmica e corajosamente enfrentada, ela desencadeia o que chamo de tensão criativa da vida. Isto porque respondê-la pressupõe responder outras de grande profundidade que lhe são instrumentais: "Quem é você?", "Em quem você quer se tornar?" e "Aonde você quer chegar?"

A obra de dar e construir respostas a estas perguntas é a obra da vida, porque a vida tem ciclos distintos com distintas demandas, e sempre teremos a liberdade o que, por outro lado, não deixa de ser uma obrigação existencial, ou, no mínimo, um convite sempre instigante de alocar tempo e construir oportunidades de revisitar a pergunta e as respostas dadas, para auscultar novas possíveis vozes, e ou mirar outros ângulos e perspectivas nunca dantes vistas ou percebidas. "Caminheiro, caminheiro, faz-se o caminho caminhando", disse autor de quem não me recordo o nome, no que é confirmado e ricamente ampliado por Paulo Freire, que disse "Ninguém caminha sem aprender a caminhar, sem aprender a fazer o caminho caminhando, sem aprender a refazer, a retocar o sonho, por causa do qual a gente se pôs a caminhar".

Nos primeiros embates da luta por crescimento verdadeiro que temos que travar com o nosso maior amigo, ou, potencialmente, nosso maior inimigo, que somos nós próprios, logo verificamos que temos de remover, às vezes, arrancar a duras penas, as roupas e capas densas que se nos vestiram "vestidos" das melhores intenções. Primeiro, na chamada educação primária, no seio o mais insuspeito de todos, o de nossa família, que tem os nossos pais, ou figuras paternas ou maternas mais próximas, como atuantes transmissores das "maneiras certas" de ser e fazer. Em segundo lugar, na educação secundária, que tem a escola e demais instituições como construtoras e mantenedoras da capa dura e densa do "universo simbólico" de toda a cultura e representações sociais que "protegem", para o bem e para o mal, a comunidade de viventes.

Escrevi em "Conduzindo a própria mudança" que "O destino inexorável e infalível do homem é o de mudar. Se não muda por sua própria conta e risco, buscando o melhor, vem a vida e o muda com seus ventos, contextos e circunstancias erráticas, muitas vezes para pior, e com dor e sofrimento que poderiam ser evitados".

A vida é para que marchemos, e para que o façamos, temos que construir na viagem recursos diversos, como o da coragem.

Mas para onde marchar? Marchar para quê? Como construir os recursos necessários à marcha?

Sócrates, o primeiro coach de que se tem noticia, percorria descalço as praças e ginásios de Atenas com o pressuposto básico bem entranhado de que o conhecimento está dentro das pessoas, e que elas são capazes de aprender por si mesmas. Seu método revolucionário, a maiêutica, ou parto das ideias (em alusão a sua mãe que era parteira de gente e a sua conclusão de que ele podia ajudar no nascimento do conhecimento que estava dentro das pessoas) continha dois momentos principais: um primeiro em que ele levava seu aluno e ou interlocutor a expressar as suas ideias muitas vezes eivadas de preconceitos sociais e valores desatualizados; e um segundo, em que ele fazendo uso de perguntas simples, mas profundas, as conhecidas em coaching por perguntas poderosas conduzia o aluno a desenovelar por si só as contradições presentes em sua maneira de pensar, e a descortinar novas perspectivas e caminhos para o tema em discussão.

Com Sócrates em mente, e para que marchemos para frente sem perder o tirocínio, ordenemos de forma hierarquizada as perguntas que trouxemos até aqui acrescidas de outras em três blocos, para mim, um modelo esquemático de trabalho fundamental de coaching que contempla e abrange todas as questões e tipos de coaching, inclusive o de executivos de que trata este livro:

A. *O que você realmente quer? Qual será sua obra? Que pegadas você quer fiquem visíveis de sua passagem? Que legado você quer deixar? O que estás a fazer com o tempo que te é dado? Ou, qual a visão, a missão, valores, objetivo estratégico e metas a realizar de sua organização?*

B. *Quem é você? Onde te encontras? Quais os teus fundamentos e paradigmas? Ou, onde te encontras no processo e papéis de tornar a sua organização mais competitiva ao mesmo tempo que mais humana, mais rentável ao mesmo tempo que mais sustentável?*
Em quem você quer se tornar? Aonde você quer chegar? Ou, que objetivos e metas e processos organizacionais a melhorar você precisa realizar?

C. *O que te possibilita? O que te impede? Ou, o que você precisa mudar/possibilitar em você e em sua equipe?*

D. *O que você fará? Ou, qual o seu plano individual e o organizacional?*

O meu transito por coaching tem sido dos mais felizes. Em uma das minhas incursões conheci João Cortez e Nicolai Cursino (aos quais me refiro com um misto de carinho e admiração como "the wonder brazilian guys") e a Iluminatta Escola de Transformação.

Para mim, João (com Nicolai) é a Iluminatta e a Iluminatta é João (e Nicolai). Desde 2010, quando lhes conheci para estudar PNL, foi crescendo de maneira ordeira e holística com a introdução, na época, da Iluminatta Business e de novas frentes de conhecimento e práticas de desenvolvimento individual e organizacional, como o Eneagrama, quando se cunhou e fundou ali o termo e a nova frente de coaching, o Eneacoaching. A Iluminatta, pela seriedade com amor e qualidade diferenciadas de seus cursos e certificações, que João e Nicolai lhes imprimem, e que já atravessaram fronteiras, é um centro de desenvolvimento humano classe mundial. Ali, ao longo de quatro anos ininterruptos de formações (permeadas por conversas de busca por transcendência nas noites e madrugadas iluminadas por estrelas do céu e da terra), eu me tornei uma pessoa melhor e um profissional melhor e maior.

O livro que o leitor tem em mãos é uma pérola para ficar e trazer luzes e crescimento de coaches, executivos e de organizações. Escrito por João, de vasta experiência pelo Brasil e pelo mundo, diferencia-se pelo rigor teórico presente fundado em rica bibliografia, que é amplificado por inúmeros exemplos concretamente vividos em sua prática com executivos de companhias de tamanhos diversos e de variados segmentos.

Escrito para coaches de executivos, abre-se, pela riqueza de exemplos práticos da vida organizacional, para um público muito mais amplo, que inclui líderes e gerentes em qualquer estágio de crescimento de suas carreiras, agentes e profissionais de desenvolvimento humano (ou RHs) de empresas de qualquer segmento, ou pessoas apenas interessadas em saber mais sobre coaching, seus benefícios e como articulá-lo para o desenvolvimento da profissão e da vida. Como diz João, para "... Ajudar todos aqueles que estão envolvidos na questão do Desenvolvimento Humano empresarial...", com o foco de "... Através da transformação do ser humano, gerar resultados sustentáveis para os negócios e o nosso planeta".

Didático por excelência cobre os aspectos transacionais e transformacionais do coach e do executivo coachee, como a questão crucial da conexão coach/coachee, as posições existenciais de Eric Berne, a Janela Johari e rico material sobre crenças limitantes, como entendê-las e resolvê-las, liberando-se para atingir estados de potencial (de recursos) máximo.

Eu que já fui plant manager, diretor industrial e presidente de grandes indústrias em grandes corporações mundiais, em quase 30 anos de experiência, sei que as questões dos executivos nos diversos momentos de suas carreiras se situam em algum ponto do CHA - conhecimento, habilidades e atitudes -, e, majoritariamente, em torno das questões atitudinais fundadas em crenças e valores, sobretudo, que podem desenhar paradigmas nebulosos e altamente limitantes, e em torno das habilidades humanas de relacionamento. Nas organizações, muito pouco frequente se demite alguém por incompetência técnica. Como lembrou João, citando o CCL- Center for Creative Leadership (de que já fui aluno em dois programas ligados a liderança), que concluiu como resultado de vasta pesquisa que " a principal causa da falta de direcionamento dos executivos é uma deficiência na competência emocional".

João, neste excelente livro de coaching para coaches de executivos, líderes de homens e gestores de organizações, ensina caminhos de como conhecer-se mais e melhor a si mesmo, e traz fundamentos preciosos de inteligência emocional para melhorar as habilidades de relacionamento humano.

Certamente que crescimento pessoal e profissional e deleite andarão de mãos dadas nesta leitura.

Joel Câmara
Diretor e fundador da Coachange42, Performance Executive Coach pela PCI- Performance Consultants International (Londres- UK), ACC- Associate Certified Coach credenciado pelo ICF- International Coach Federation, Ex Plant Manager das Reduções de alumínio da ALCOA no Brasil, ex Diretor Industrial e Presidente da Hydro Alunorte (Norsk Hydro) e autor de "Conduzindo a própria mudança"

INTRODUÇÃO
LIDERAR
A QUEM SE DESTINA ESSE LIVRO

CAPÍTULO 1 – INÍCIO DE CONVERSA
COACHING EXECUTIVO
BENEFÍCIOS DO COACHING EXECUTIVO
PESSOAS ENVOLVIDAS
- **Papel do Coach**
    - Caso de coaching 1 - Coachee agressivo com os outros
- **Papel do Contratante**
    - Caso de coaching 2 – Metas que mudam
- **Papel do Coachee**
- **Papel do Gestor**

CAPÍTULO 2 – A CONEXÃO ENTRE COACH E COACHEE
AUMENTANDO SUA CONEXÃO
- **Estados Internos de Recursos**
    - Casos de coaching 3 – Coachee no seu melhor estado
    - Posições Existenciais
    - Eu, coach, estou ok, você coachee está ok
    - Casos de coaching 4 – Sua percepção dos outros e de você mesmo
    - Eu, coach, não estou ok, você coachee está ok
    - Eu, coach, estou ok, você coachee não está ok
    - Casos de coaching 5 – Mais sobre percepções
    - Caminhos a seguir no coaching
    - Casos de coaching 6 – Variações da nossa percepção
- **Ausência de Julgamento**
    - Casos de coaching 7 – Julgando os outros sem perceber
- **Interesse Genuíno**
- **Níveis de Atenção**
    - Não há novidades
    - Hum, há coisas diferentes aqui
    - Eu percebo você
    - Estou em presença e conexão profundas

DESENVOLVIMENTO DO COACH
- **Desenvolvimento Técnico**
- **Desenvolvimento Pessoal**
    - Da preocupação somente consigo para a preocupação com o todo
    - De responsabilizar os outros pelos resultados obtidos para assumir total responsabilidade pelo que ocorre na minha vida
    - Da negação para a percepção e controle dos próprios comportamentos, emoções e pensamentos
    - Casos de coaching 8 – Quando o coachee não tem noção de suas emoções nem dos seus comportamentos
    - Da posição "eu não estou ok você não está ok" para a posição "eu estou ok você está ok"
    - De alguém que só espera receber para um ser independente que doa
    - Da postura rígida do "eu me quebro, mas não me vergo" para a do "eu sou flexível" (bambu ao vento)
    - De um ser que não está conectado a algo maior para um ser que está conectado e espiritualizado

CAPÍTULO 3 – ETAPAS DO COACHING EXECUTIVO

CONTATOS DE ALINHAMENTO COM OS PARTICIPANTES
Aspectos práticos do coaching
Estabelecimento da meta
   Casos de coaching 9 – Desafios para estabelecimento da meta
Contrato de comprometimento do coachee com o processo
   Contextualizando coaching
   Aspectos práticos do processo
Estabelecimento da conexão com o coachee
SESSÕES DE COACHING
Centramento do coachee
   Casos de coaching 10 – Coachee desconectada do seu melhor estado
Alinhamento dos valores da empresa com os do coachee
Associação com a meta realizada
   Casos de coaching 11 – O "o que" deve vir antes do "como"
Percepção da situação atual de forma ampliada
   Casos de coaching 12 – As posições perceptivas
Comparação da situação atual com a desejada
Estabelecimento de ações
   Casos de coaching 13 – Ações no coaching
Identificação, ressignificação e utilização de crenças e hábitos limitantes e possibilitadores
   Casos de coaching 14 – Impacto das crenças no coaching
   Casos de coaching 15 – Percebendo o que está por trás dos comportamentos
Utilização de ferramentas
Mensuração de resultados
REUNIÕES INTERMEDIÁRIAS E DE FINAL DE PROCESSO

CAPÍTULO 4 – COACHING EXECUTIVO NA OPINIÃO DOS PARTICIPANTES

PERCEPÇÃO QUE O LÍDER TEM DE SI MESMO
AVALIAR INFORMAÇÕES
CONHECER A NATUREZA HUMANA E SEUS FATORES EMOCIONAIS
CRIAR CONFLITOS SAUDÁVEIS
PENSAMENTO SISTÊMICO
EMPRESA ESPIRITUALIZADA
DESENVOLVIMENTO DE UMA VISÃO E MISSÃO COMPARTILHADAS
LÍDER COACH OU LÍDER QUE ENSINA
   Casos de Coaching 16 – Ensinar ou Ajudar a Aprender?
EVOLUÇÃO PROFISSIONAL
UMA ÚLTIMA PALAVRA
BIBLIOGRAFIA

I

INTRODUÇÃO

"O velho limite sagrado entre o horário de trabalho e o tempo pessoal desapareceu. Estamos permanentemente disponíveis, sempre no posto de trabalho."

Zygmunt Bauman

INTRODUÇÃO

INTRODUÇÃO

LIDERAR

Chegar à posição de líder de uma divisão ou mesmo ser o principal executivo de uma empresa representa trilhar uma jornada de muitas incertezas, pressões, esperanças, recompensas e aprendizados. Um caminho em que habilidades técnicas e emocionais são postas à prova e desafios, superados. Nessa jornada, aqueles que chegam à reta final são escolhidos em detrimento de outros que ficam para trás, por não serem considerados, por inúmeros motivos, tão adequados ou interessantes. A cada promoção é necessário atravessar um funil cada vez mais estreito. Ter a capacidade de lidar com o estresse, torná-lo um motivador para agir e ser cada vez mais com menos tem sido constantes na vida dos profissionais que conseguem atingir seus objetivos. Abandonar uma zona de conforto tão arduamente conquistada é uma constante, se é que há uma zona de conforto atualmente nas empresas.

Liderar representa lidar com mudanças cada vez mais rápidas. Há pouco tempo, quem diria que um mexicano seria um dos homens mais ricos do mundo ou que o papa seria argentino no início do século XXI? Que avançaríamos tanto no desenvolvimento tecnológico, em diversas áreas, com a quantidade de novos produtos e modelos lançados? Independentemente do setor de atuação que um líder se encontre, haverá pessoas ou empresas dedicando tempo, conhecimentos e recursos financeiros de forma a fazer melhor o que a equipe desse líder e ele mesmo fazem. Mudanças não vêm apenas de novos produtos ou serviços mais eficientes lançados pela concorrência. Fusões e aquisições são uma rotina atualmente e significam ter que se adaptar rapidamente a novas culturas, valores, estruturas organizacionais e formas de trabalho. Muitas vezes, significam abandonar processos, sistemas, conceitos desenvolvidos com muito empenho e dedicação por outros considerados piores, mas que representam agilidade e padronização necessárias à nova empresa que surge.

Liderar é estar em um mercado com clientes que, atualmente, têm à disposição uma quantidade enorme de fornecedores ou prestadores de serviços. Com isso, os consumidores estão cada vez mais exigentes. Atualmente, um fornecedor que atendeu inúmeras vezes bem um cliente pode ser substituído se no último contato com ele houve problemas.

Bem diferente era o Brasil décadas atrás, quando vivíamos em uma economia fechada. Para importar um produto, era necessário obter declarações dos eventuais fornecedores de que não o produziam nem o comercializavam. A opção de trazer algo de fora quando a produção dos fornecedores nacionais ficava abaixo da expectativa ou exigência de consumo era limitada. De lá para cá, nosso país teve que se adaptar às novas exigências, o que significou tornar-se mais competitivo. Empresas e suas lideranças tiveram de agir de forma diferente.

Muitas vezes, a concorrência ocorre dentro da própria empresa, quando há disputa de cargo. Nesse caso, a concorrência não foca apenas em oferecer ao mercado um melhor produto ou serviço em condições mais competitivas. Quando fatores políticos estão em jogo, a disputa pode incluir mostrar-se melhor do que os outros ou indicar que o outro é pior. Nesse último caso, o resultado a ser obtido pela empresa ou as necessidades do cliente deixam de ficar em primeiro lugar e o que interessa é a disputa política com todas as consequências que isso representa. Nesse contexto, o líder tem de sair da zona de conforto, onde escuta o que gosta de ouvir de pessoas que têm interesses pessoais nisso, e buscar fontes de informação confiáveis. Com isso, deixa de ser alimentado com informações distorcidas e manipuladoras e passa a ouvir o que realmente ocorre a seu redor. Nesse momento, o maior desafio é perder a necessidade de estar sempre certo.

Liderar significa enfrentar diferentes desafios a cada promoção conquistada. O líder é promovido porque demonstra competência em uma determinada função, põe em prática habilidades específicas, dedica tempo às mais diversas atividades e enfoca pontos que representam a diferença. A promoção leva muitos a acreditar que esse é o caminho para o sucesso. Contudo, ao assumir a nova função, as habilidades, a aplicação de tempo e o foco de interesse exigidos não serão mais os mesmos. Em alguns casos, serão exatamente opostos. O que se fazia no nível hierárquico anterior agora é prejudicial ao líder. Para muitos, trata-se de um imenso desafio, pois habituaram-se a acreditar que a forma anterior era a que levava ao sucesso e é o que sabem fazer bem. Ao tentar mudarem, sentem-se menos competentes e os resultados desejados não ocorrem tão facilmente.

Com tantos desafios, é fácil perceber que a ação de liderar é repleta de convites para que o líder perca o equilíbrio emocional. Os processos de coaching executivo que atendemos têm, na maioria das vezes, como metas fatores relacionados a questões emocionais e não técnicas, mesmo que possam parecer assim à primeira vista. Veja alguns exemplos em que atuei como coach executivo:

- *Mário, gerente nacional de vendas da área de cosméticos de uma empresa multinacional, foi transferido para São Paulo. Seus resultados na filial onde trabalhava eram excelentes, por isso foi incumbido de liderar uma equipe que não atingia as metas estabelecidas. Ele passou a ter posturas agressivas em busca de resultados cada vez mais irrisórios.*

- *Ana Rosa, presidente de uma empresa inglesa em São Paulo, na área de tecnologia, era considerada uma profissional competente pela matriz. Contudo, não dava autonomia às pessoas, além de ser muito direta e passional. A rotatividade na empresa era elevada.*

- *Caio, responsável pela área de produtos de uma grande empresa do mercado financeiro, era considerado um profissional com grande potencial, mas muito arrogante nas reuniões com diretores.*

Há outros exemplos reais apresentados em casos de coaching que enriquecem os conceitos desenvolvidos. Parte do aprendizado vem com o fazer. Ao apresentar essas estórias da vida real busco trazer isso para esse livro. Os nomes e alguns dados, para manter a confidencialidade dos processos, foram alterados.

Uma pesquisa do Centro para a Liderança Criativa[1] aponta que a principal causa da falta de direcionamento dos executivos é deficiência na competência emocional. Ser emocionalmente competente é fundamental e um dos pontos de alavancagem para aqueles que querem destacar-se em suas carreiras, pois, além do grande desafio que isso envolve, há muito que se evoluir nessa área. A personalidade do líder determina a que pontos ele dará mais atenção, o que nem sempre está alinhado com o melhor desempenho.

Ser emocionalmente competente é mais fácil quando o que o líder faz tem um significado maior. Nas palestras e treinamentos que dou no Brasil e em outros países, costumo perguntar aos participantes quem escolheu trabalhar na empresa em que está pela missão dessa companhia. São poucos (menos de 5% da plateia) os que levantam a mão. Trabalhar pela missão de uma empresa que está alinhada com seus valores é estar em um estado de graça diferenciado. É ter uma vida profissional grandiosa. É chegar em casa e, ao contar para a família qual é seu trabalho, perceber a reação de orgulho daqueles que o ouvem. É algo contagiante. Quem é responsável por isso? O líder que deseja ter sucesso deve ser capaz de vender ideias. Tal fato também é válido em termos de valores e visão compartilhada.

Ao mesmo tempo que se espera que o líder motive sua equipe a gerar os resultados desejados, também se exige que ele a desenvolva, uma vez que esse desenvolvimento deixou de ser responsabilidade apenas dos departamentos de Desenvolvimento Humano. Ser um profissional competente é necessário, mas somente isso não basta, uma vez que não será suficiente para quem tem como concorrentes líderes que conseguem associar à própria competência uma equipe por eles desenvolvida e que contribui, de forma significativa, para obter resultados diferenciados. Afinal, um gerente de produção não fica na linha de montagem de

---

[1] Center for Creative Leadership (http://www.ccl.org) – Carolina do Norte.

uma indústria, mas gerencia as pessoas que estão aí. Essa postura fará que elas produzam cada vez mais. Nas empresas, cada pessoa vive a realidade de que deve se desenvolver e atuar segundo seu potencial máximo. Isto se aplica também para as suas equipes. O líder está presente para que isso aconteça, mesmo nos momentos em que a busca por resultados de curto prazo parece mostrar que não há tempo para investir no desenvolvimento da equipe.

Estar em uma posição de liderança representa relacionar-se com pessoas, cada uma delas com valores, opiniões, competências, experiências e objetivos diversos que as fazem manifestar diferentes emoções, pensamentos e comportamentos. Desenvolver a capacidade de relacionar-se significa sair do "faça para os outros aquilo que gostaria que fizessem para você" e ir para o "faça para os outros aquilo que gostariam que você fizesse para eles". Tal mudança significa conhecer a natureza humana, além de se colocar no lugar do outro, um dos maiores desafios de crescimento dos líderes com quem interagi, seja como coach, consultor, líder ou liderado.

Quantas oportunidades de desenvolvimento em forma de desafios! Que grande jornada se apresenta para aqueles que buscam realizar seus objetivos e sua missão de vida por meio da liderança de pessoas. Trata-se de uma caminhada em que é importante reunir todos os recursos disponíveis, sejam os do próprio indivíduo, sejam os externos. Coaching é um processo que ajuda o líder a ser o melhor que pode ser, o que não se consegue sozinho, como será possível perceber ao longo do livro.

Quando evoluímos, mudamos, tornamo-nos melhores profissionais e convidamos aqueles que estão próximos a fazerem o mesmo. Ao contribuirmos para a mudança dos outros, estamos construindo um novo mundo.

INTRODUÇÃO

A QUEM SE DESTINA ESTE LIVRO

Este é um livro de coaching escrito para coaches, líderes e profissionais de Desenvolvimento Humano. O texto tem algumas terminologias do coaching o que não impede que líderes e profissionais de Desenvolvimento Humano sem formação em coaching encontrem uma leitura valiosa aqui. Durante os vários anos em que atuei não somente como coach e treinador de programas de formação de coaches, tive contato com expectativas, objetivos, desafios e oportunidades em relação a sermos o melhor que podemos ser na busca de objetivos comuns. Movido pelo desejo de ampliar esse conhecimento, desenvolvi uma série de entrevistas com executivos, profissionais de Desenvolvimento Humano e coaches de negócios, onde tive contato com os maiores desafios dos líderes, os pontos onde o coaching tem os ajudado e em que podem melhorar. Ao juntar tudo isso a vários conceitos e práticas dos livros que constam na bibliografia e cujos conceitos tenho usado em minha profissão, surgiu este trabalho escrito com o objetivo de ajudar todos aqueles envolvidos na questão do Desenvolvimento Humano empresarial. Esse é o foco da Iluminatta, empresa que desenvolvi com meu sócio, Nicolai Cursino, e que busca, mediante a transformação do ser humano, gerar resultados sustentáveis para os negócios e o nosso planeta.

Há um aplicativo "O Coach e o Executivo", com materiais como áudios, que você poderá baixar e que dá apoio a essa leitura. Ele contém instruções de como pode ser usado.

Os líderes poderão acessar os conceitos de coaching, que são muito úteis para eles e, com isso, gerar mudanças em quem são, no que fazem e como fazem. Essa experiência lhes dará a oportunidade de ter contato com os benefícios que essa atividade proporciona.

Se você é líder, ao ler a palavra coach ao longo do livro, coloque-se no lugar desse profissional e perceba o que é possível usar ao se relacionar com seus liderados, principalmente quando tiver como foco desenvolvê-los, e não simplesmente obter resultados imediatos ou tarefas aprendidas e executadas com eficiência. Lembre-se de que obter resultados e desenvolver pessoas não são atividades excludentes e você, líder, é responsável por ambas.

O capítulo 4 enfatiza o resultado da pesquisa com executivos, coaches e profissionais de Desenvolvimento Humano das empresas, abordando os temas considerados mais desafiadores de liderança pelos entrevistados. Para os coaches, trata-se de um interessante guia de assuntos que podem não ser mencionados por um líder no papel de coachee, não porque ele os domina, mas porque são pontos cegos dele, portanto grandes caminhos a melhorar. Muitas vezes, no coaching, o mais importante é o que o coachee não diz, e não o que diz. Já para o líder, cargo por muitos apontado como solitário, principalmente quando se está próximo do topo da pirâmide, é uma oportunidade de ter contato com a opinião de dezenas de profissionais que vivem situações muito parecidas com a dele e absorver a experiência de outras pessoas, obtendo novos aprendizados e ações de desenvolvimento desse processo.

Em vários momentos, este livro sugere perguntas a serem usadas pelos coaches com seus coachees, tendo sido elaboradas de forma a abranger vários aspectos das questões apresentadas. Descubra que aspectos são esses para cada pergunta. Além das perguntas, de que outra forma você convidaria seus coachees a ampliarem suas percepções sobre esse aspecto? Pense que outras perguntas ou abordagens você consideraria? Imagine também a pessoa que está à sua frente em uma sessão. O que ela propõe? Siga a agenda dela, estando sempre conectado às metas dos processos. Ao fazer isso, você ampliará as possibilidades que este livro oferece com seus próprios recursos. Se você é líder, aproveite esse momento para responder a essas perguntas como se tivessem sido feitas para você por um coach num processo de autocoaching. Para isso é necessário que você esteja em um momento tranquilo e isolado, sem interferências externas. Dessa reflexão, surgirão novas percepções que levarão a diferentes ações e, por consequência, mudanças. São essas novas ações que farão diferença na sua liderança e não apenas as novas percepções. Lembre-se sempre disto.

Essas mesmas perguntas também poderão ser feitas para os seus liderados, mesmo que não se espere que o líder desenvolva processos de coaching com eles. Por inúmeras razões, entre as quais a necessidade de ausência de julgamento, isso não é indicado. Contudo, o exercício de liderança pode, dependendo do momento, utilizar alguns conceitos de coaching, como fazer perguntas.

O líder também alterna de papéis. Em alguns momentos, ensinará e, em outros, ajudará os liderados a aprenderem, que é exatamente o que o coach faz. Ensinar é dar respostas, afinal ele tem muito a transmitir, seja por sua experiência, conhecimento da empresa ou do mercado. Por outro lado, por melhores que sejam tais conhecimentos, serão sempre limitados, e quando um líder tem todas as respostas, as perguntas mudam. Dessa forma, em outros momentos, já não será mais seu papel ser um provedor permanente de respostas. Além disso, dar respostas concentra a responsabilidade em quem as dá, ou seja, no líder. Perceba que quem pergunta e recebe respostas permanece na cômoda posição de seguir o que lhe foi dito. Se o resultado não for o desejado, será fácil dizer: "Agi conforme suas instruções. O que quer que eu faça agora?". Com isso, principalmente os liderados que não demonstram proatividade acomodam-se, ficam dependentes das respostas do líder e sempre estão perguntando. Por sua vez, o líder, com frequência, pensa: "Não acredito que estão me perguntando isto! Será que não têm iniciativa?".

Assim, o líder também tem que desenvolver pessoas, e não apenas gerar resultados. Esse desenvolvimento reduz o número de perguntas feitas a ele, pois profissionais desenvolvidos assumem muito mais responsabilidades. Quando estiver no papel de desenvolvedor de pessoas, o líder que conhece coaching e utiliza seus conceitos e ferramentas terá sua missão facilitada. Ele passará a fazer perguntas e não dará mais todas as respostas. Sua função não será apenas ensinar, mas ajudar a aprender. Quando ensinamos, tal ação se torna permanente, pois sempre haverá algo novo ou desconhecido a ser ensinado. Quando contribuímos para que o outro aprenda, haverá um momento em que ele se sentirá independente em uma série de aspectos. Seu líder poderá desempenhar muito melhor a função que lhe compete, pois não terá de realizar mais atividades do nível inferior. Coaches que ajudam o líder a aprender, em vez de ensinar, também são muito úteis nesse contexto.

Já para profissionais de Desenvolvimento Humano, essa é uma oportunidade de encontrar materiais relativos à transformação de pessoas que geram resultados. Coaching auxilia o Desenvolvimento Humano a tornar-se uma atividade estratégica geradora de diferencial competitivo nas empresas, sendo, portanto, fundamental às pessoas que atuam nessa área.

A leitura não precisa seguir obrigatoriamente a sequência das páginas. Há tópicos muito úteis utilizados em todas as sessões com os clientes ou em contatos com liderados no caso dos líderes executivos. "A conexão com o coachee" no Capítulo 3, por exemplo, é um deles. Assim como haverá partes com técnicas que, dependendo do seu objetivo com a leitura desse livro podem não ser interessantes para você. Fique à vontade para pulá-las.

É importante salientar algumas observações em relação a certos termos utilizados neste livro. A palavra "crenças" descreve algo em que se acredita. Não há nenhuma conotação religiosa nela. Dessa forma, se alguém acredita que nasceu no Brasil e, portanto, é brasileiro, isso é uma crença. Muitas vezes no ambiente empresarial, tal termo é utilizado como sendo algo em que se acredita, mas que não é verdade. Assim, quando alguém diz algo que não parece verdadeiro para o interlocutor, a resposta dele será a seguinte: "Ah, isso é uma crença sua!". Aqui neste livro o que determina se algo é ou não uma crença não é o fato de ser verdadeiro ou não, mas sim se é algo no qual alguém acredita. Assim, se o coachee acredita que trabalha em uma empresa do setor da construção civil e por isso deve ser bem objetivo e prático, essa é uma crença que ele tem, independentemente de ser real ou não. É algo em que acredita.

Já o termo "valores" é utilizado para descrever o que é importante para alguém. Alguns exemplos incluem honestidade, sucesso, família, paz, liberdade, lazer, entre outros. Trata-se de uma longa lista que, assim como as crenças, é fundamental no coaching.

Você perceberá que as palavras positivo e negativo quase não são utilizadas, pois, normalmente, associam-se a algum tipo de julgamento, o que compromete o trabalho a ser desenvolvido. Assim, "possibilitador" será usado para tudo aquilo que aumenta a chance de a meta ser atingida e "limitante", para o que a diminui.

Por último utilizo as palavras "executivo" e "líder" com igual significado nesta obra.

Boa leitura!

CAPÍTULO

1

INÍCIO DE CONVERSA

 O verdadeiro ser humano não é um modelo de correção, um puritano nem pudico, mas aquele que reconhece que alguns fracassos são necessários à natureza genuína do homem, assim como o tempero o é para a comida. É impossível conviver com pessoas perfeitas, pois não têm humor, não deixam a verdadeira natureza humana se manifestar e são perigosamente inconscientes das próprias sombras."

Alan Watts

INÍCIO DE CONVERSA

COACHING EXECUTIVO

VOCÊ BAIXOU O APLICATIVO DESTE LIVRO? É HORA DE APROVEITÁ-LO!

O título do áudio desta parte é
"O COACH E O EXECUTIVO INÍCIO DE CONVERSA".
Neste caso feche os olhos e aproveite a viagem.

Convido você a fazer um exercício. Se possível, encontre um local onde não haja interrupções e coloque-se numa posição confortável. Respire de forma mais suave e tranquila. Um pouco mais lenta e mais longa do que você faz normalmente. Pratique esta respiração por umas três ou quatro inspirações. Você poderá em alguns momentos fechar os olhos para depois retomar a sua leitura ao longo deste exercício. Em seguida imagine-se andando no gramado de um belo parque, cercado de muita natureza, ar puro, ao som dos pássaros, com uma leve brisa no rosto e tudo mais que torna esse momento agradável.

Você aproveita esse instante e a cada passo que dá sente-se cada vez mais conectado com um estado de equilíbrio e com o que você tem de melhor. Nesse momento, mais do que nunca, parece que você é você mesmo. A sensação é muito agradável e a percepção de leveza invade seu ser.

Depois de caminhar um pouco, você encontra uma espécie de passagem rodeada de vegetação mais densa. Decide adentrá-la atraído pela curiosidade. A vontade de continuar aumenta e, pouco a pouco, sem perceber, está totalmente envolvido nessa experiência. Ao avançar, percebe paredes com imagens que proporcionam uma sensação de mais bem-estar e sente-se mais em contato consigo mesmo.

Uma tênue luz aparece adiante e, pouco a pouco, torna-se mais intensa, até que surge uma abertura do outro lado dessa passagem. Você sai no mesmo parque, só que parece que o local está diferente. Para sua surpresa, você está diferente também. Mais jovem! O tempo regrediu, você tem vários anos a menos e está no início da fase adulta.

Se era um jovem adulto ao entrar na passagem, voltou a ser adolescente. Você viverá um mês nessa condição, deparando-se com situações, relacionamentos e desafios que vivenciou há muito tempo, porém com toda a experiência de vida e maturidade que tinha antes de ingressar no túnel e que lhe permitem perceber, de forma muito mais ampla, cada momento.

Como será este mês? Em que será diferente com toda a experiência de vida que você tem agora? Como serão as relações com as pessoas de seu círculo familiar? Talvez algumas não estivessem mais vivas quando você entrou na passagem. E as pessoas com as quais se relaciona profissionalmente? E os demais aspectos de sua vida?

Quando realizo esse exercício com os alunos de formação em coaching, vários deles relatam que ter a oportunidade de reviver um momento no passado representa vivenciar percepções ampliadas. A idade traz essa capacidade. Ao percebermos mais tudo que nos rodeia, passamos a ter mais opções e aumentamos a possibilidade de realizar nossos objetivos.

A vida se assemelha a um passeio de balão. No início, quando somos muito jovens, é como se estivesse no chão. Conseguimos perceber apenas o que está muito próximo de nós. O restante está atrás do que é próximo e não enxergamos. Assim, se próximo ao balão que está no chão houver um morro, enquanto estivermos no solo, não conseguiremos ver além do morro. À medida que o tempo passa, é como se o balão subisse e nossa percepção se ampliasse. Começamos a ver as casas vizinhas, o quintal delas e quem está lá dentro. O tempo passa, o balão sobe ainda mais e agora visualizamos o quarteirão inteiro, as ruas, os cruzamentos, o trânsito, entre outros locais.

Depois de permanecer mais tempo nessa viagem, vemos praças, parques, a área industrial, o aeroporto, bairros inteiros, estradas, lagos, vários lugares que sabíamos que existiam na cidade, mas não nos lembrávamos deles, e outros que agora nos damos conta de que existem. Trata-se de informações valiosas que serão utilizadas quando pousarmos de volta. A viagem de balão poderia prosseguir ainda mais para o alto, com novas descobertas. Poderíamos falar de um foguete com infinitas possibilidades de ampliação de percepção. Quanto mais percebemos, mais opções temos. Agora, são vários os caminhos que se apresentam a nós.

Todos nós temos uma capacidade limitada de percepção. Não conseguimos perceber o todo. Da mesma forma, é um grande desafio estarmos vivenciando sempre o nosso melhor. Tal situação ocorre muito no ambiente corporativo. É como se nosso balão ainda estivesse a uma altura que não nos deixasse perceber tudo o que é necessário para lidarmos com o que nos rodeia da forma mais produtiva possível, fazendo-nos operar abaixo de nosso potencial. Ao agirmos como escravos de nossa limitada percepção da realidade e estando presos a velhos comportamentos e estratégias, resta-nos poucas opções para agir.

Pois bem, como seria considerar a mesma jornada do passeio no parque sendo realizada em direção ao futuro? Em vez de regressar muitos anos no passado, como seria ir para o futuro, adquirir uma capacidade de percepção ampliada e retornar aos dias atuais com ela, somada à prática de se manter no melhor estado a maior parte do tempo e, com isso, aumentar a possibilidade de uma vida grandiosa? Aonde você chegaria em seus objetivos? Coaching é um excelente caminho para você fazer isso e muito mais.

Todos nós temos potencial de gerar ações maravilhosas. Somos tão capazes que atividades complexas executadas por nós são consideradas normais. Você já se deu conta do quão desafiador para um bebê é aprender a falar? Como não temos uma língua de referência, precisamos fazer uma série de associações e, em muitos momentos, estamos totalmente sozinhos. Ao ler este livro, você conseguiu com todos os seus recursos adquirir essa capacidade.

Da mesma forma, aprendemos a ler, escrever, caminhar, tocar um instrumento musical, dirigir um carro, pilotar um avião, fazer uma apresentação em público, utilizar um computador etc. Podemos realizar tudo isso de modo eficaz. Contudo, já percebeu também que em razão das circunstâncias nosso desempenho em uma mesma tarefa pode diminuir significativamente?

Há pessoas que dominam um tema com profundidade, tendo não apenas conhecimento dele, mas também experiência nele. Durante horas, podem discorrer sobre a temática que conhecem tão bem em uma reunião informal com amigos. Contudo, convide-as a fazer uma apresentação pública sobre esse mesmo tema para cem pessoas. Você perceberá que algumas delas entrarão em um estado desconectado de seus potenciais, tendo um desempenho pior do que quando conectadas a eles. O que aconteceu? Elas perderam o conhecimento desse tema?

Na verdade, há um diálogo interno que pode manifestar-se por meio de vozes ou sensações produzidas pelo medo ou pela raiva, atraindo-nos para o nosso pior. Medo por não conseguirmos atingir um resultado esperado e não desejarmos as consequências que imaginamos que tal fato nos acarretará. Necessidade de mantermos uma boa imagem em um mundo que consideramos competitivo. Afinal, o que os outros pensarão? Ou mesmo raiva por quem consideramos responsável por essa situação. Com executivos ocorre uma situação similar. Em vários momentos, independentemente do conhecimento ou da prática que tenham de um determinado assunto, serão convidados a irem para seu pior e muitos deles aceitam esse convite. Coaching é um instrumento para ajudá-los a permanecer conectados com o que têm de melhor, obtendo o mais satisfatório desempenho que poderão ter ou serem as melhores pessoas que poderão ser. É um convite para desenvolverem o seu melhor a maior parte do tempo.

Esse convite exige que os líderes considerem a possibilidade de trocar o "ou" pelo "e". Limitamos significativamente nossas possibilidades quando acreditamos que as alternativas são excludentes. Conheci líderes que acreditavam que ou se tem uma carreira em que se é bem remunerado ou se tem uma profissão com a qual se é feliz. Tal fato é verdadeiro para muitas pessoas. Da mesma forma, ou se rompe com os valores, ou não se obtêm os resultados desejados; ou se está distante, ou se está perto.

A política tem nos bombardeado constantemente com esse mesmo conceito. O partido que está no poder afirma: "Nossa opinião é correta e perfeita. A da oposição é de pessoas que são contra o país". A tradução para isto é: "Ou nós ou eles". Muitas vezes, a oposição age da mesma forma: "Ou eles ou nós". Ao pensarmos dessa forma, estamos aproveitando todo o potencial como nação? Qual custo pagamos por não considerarmos o possibilitador "e"? E os líderes? Que custo eles pagam?

Convide os coachees, por meio do coaching, a considerarem a alternativa do "e", para serem bem remunerados e felizes, respeitarem valores e obterem resultados, descansarem e serem produtivos, ao mesmo tempo, na situação e oposição. Dessa forma, estarão abertos a infinitas possibilidades e considerarão ter todas essas características algo possível. Difícil? Comece praticando com você. Perceba na sua vida onde o "ou" está te limitando porque representa exclusão de possibilidades e surpreenda-se.

Todas essas possibilidades têm feito o coaching experimentar uma grande evolução nas empresas, visto que, atualmente, trata-se de um mercado que movimenta bilhões de dólares. A forma como essa atividade é percebida mudou radicalmente. Alguns anos após a virada do século, em São Francisco, na Califórnia, estive em um congresso no qual tive a oportunidade de conhecer um participante holandês. Interessado, perguntei-lhe como estava a atividade de coaching em seu país. Ele me respondeu: "Ao iniciar nessa profissão, quando alguém nas empresas dizia que estava fazendo coaching, era encarado pelos outros com receio. Afinal, como não conseguia lidar com os próprios problemas, medos etc.? Hoje, quando alguém diz que não faz coaching, é avaliado com estranheza, pois não está utilizando todos os recursos que tem disponível para se tornar o melhor que pode ser".

Coaching já se associou a um processo destinado somente a altos executivos, àqueles que tinham mudado ou estavam para mudar de cargo e necessitavam lidar com os desafios de uma nova função, ou era um recurso designado a alguém que estava indo muito mal na empresa e precisava mudar de comportamento. Era sua última chance. Então, se o processo de coaching se destinasse a um colaborador que não fosse um alto executivo ou não estivesse mudando de cargo, o comentário mais comum era: "Puxa, contratou coaching. É sua última chance. Sabia que não estava indo bem".

Atualmente, coaching se relaciona muito mais a desenvolvimento pessoal de liderança. O desenvolvimento do líder evoluiu de 43% para 56% dos processos nos últimos nove anos . Questões comportamentais e de transição de cargo também são representativas, mas cada vez mais se busca coaching com o objetivo de haver desenvolvimento pessoal, e não resolução de problemas. Tal treinamento permitirá que o líder gere resultados, atinja metas e desenvolva pessoas. Os benefícios são percebidos em vários processos, como na comunicação, no trabalho em equipe, na gestão de conflitos, no desenvolvimento de pessoas, no comprometimento e na gestão de mudanças.

MAS AFINAL O QUE É COACHING EXECUTIVO?

Coaching executivo é um processo provocativo que estimula líderes dos altos níveis da organização, mediante a ampliação de percepções e prática de um estado interno de recursos diferenciado, a serem o melhor que podem e desejam ser para conquistar os objetivos que as empresas esperam deles.

1
INÍCIO DE CONVERSA

BENEFÍCIOS DO COACHING EXECUTIVO

Quanto mais um líder ascender na hierarquia empresarial, mais solitária se tornará sua posição. Haverá assuntos que não poderá dividir com ninguém da empresa, dada a repercussão que tais temas poderão causar ou mesmo porque somente ele poderá resolvê-los. Por outro lado, buscará pessoas com as quais possa trocar ideias e que estimulem seus pensamentos criativos. Vários líderes brilhantes que conheci alimentavam pensamentos geniais por meio de conversas com pessoas que eles respeitavam, mas que não faziam parte de seu círculo mais próximo. Por mais brilhantes que fossem, não seriam quem eram sem o estímulo vindo desses contatos. As pessoas que exercem esse papel próximo aos líderes se tornam ainda mais importantes quando o contexto é turbulento ou há grande pressão.

No coaching executivo, o coach é a pessoa que não só conversa, mas também estimula o pensamento criativo. Ao fazer isso, convida o líder a sentir-se acompanhado em situações que podem ser extremamente desafiadoras. Também o auxilia a encontrar outras pessoas com as quais possa trocar ideias e opiniões, sendo essa uma atividade extremamente enriquecedora, uma vez que elas veem as situações de uma perspectiva diferente. Quem está fora de um determinado contexto tem capacidade de perceber aspectos diferentes daqueles não compreendidos por quem está dentro da empresa. E o coach não está envolvido nos aspectos políticos da empresa, ele é isento.

Outro fato importante é que são frequentes os convites para que o líder não permaneça no seu melhor. Com tantas questões envolvidas na liderança, várias delas apresentadas neste livro, a pressão que o líder sofre é imensa. Frequentemente, tais convites são aceitos. Coaching ajuda o executivo a permanecer a maior parte do tempo no seu melhor ou muito próximo disso. A partir daí todo o seu potencial é utilizado e os resultados obtidos mudam. A diferença entre um executivo que utiliza todo o potencial e outro que não o faz é imensa em relação a oportunidades geradas e aproveitadas ou não. Resultados serão ou não obtidos, equipes se desenvolverão ou não sob o trabalho de um líder. A postura adotada por ele representará sucesso ou acarretará prejuízos à organização.

Finalmente, as chances do líder permanecer por mais tempo na empresa, por meio de seu desenvolvimento, aumentará, reduzindo custos e o risco de trocas dos profissionais em posições-chave.

Coaching é um processo que gera novas percepções, muitas delas relacionadas com o autoconhecimento. Assim ele entende porque tem determinados comportamentos e trabalha neles. Normalmente isto leva a uma melhoria na comunicação com as outras pessoas simplesmente pelo fato do executivo participar aspectos deste processo com os outros. Isto para não mencionar quando o tema do coaching é a comunicação.

Os executivos são referências nas empresas. Eles são observados pela maior parte das pessoas. Desta forma tornam-se exemplos e se o que eles passam é desenvolvimento pessoal com mudanças possibilitadora eles convidarão o resto da empresa a fazer o mesmo. Há clientes que se tornaram fontes inspiradoras.

Estes aspectos levam a um aumento de desempenho e melhor desempenho por parte daqueles que lideram a organização leva a melhores resultados. A empresa torna-se mais lucrativa quando coaching está presente.

Por tudo isso, coaching se tornou importante e valorizado nesse segmento.

1
INÍCIO DE CONVERSA

PESSOAS ENVOLVIDAS

Os principais participantes de um processo de Coaching Executivo são o coach, que é o profissional especializado em aplicar o processo de coaching, o coachee, que é quem fará as sessões de coaching, o contratante, ou seja, a empresa que contrata o processo, sendo, normalmente, um profissional da área de Desenvolvimento Humano, e, finalmente, o gestor do coachee, que é a pessoa a quem o coachee se reporta na organização. Há casos em que o contratante e o gestor são a mesma pessoa.

Há empresas nas quais o departamento do contratante é chamado de Desenvolvimento Humano (DH), Departamento de Pessoas (DP), Departamento Pessoal (DP), Recursos Humanos (RH), entre outros. Neste livro, utilizei Desenvolvimento Humano ao me referir a esse departamento, pois é o termo mais alinhado com o que é tratado aqui, e cliente, ao me referir à empresa onde coachee, contratante e gestor trabalham.

Tais definições são utilizadas de outras formas, dependendo da fonte ou do local a que tenho acesso. O objetivo delas é simplesmente padronizar a forma como serão utilizadas neste livro.

Quanto mais cada um dos principais envolvidos participar, melhores serão as chances de que o processo obtenha o resultado desejado. Ao enviarmos nosso filho para a escola, não estamos terceirizando a responsabilidade nem o papel de educadores que nós pais temos, visto que procuramos acompanhar seu aprendizado, verificar se as lições estão sendo feitas ou não e eventuais dificuldades que possam surgir. Ao contratar o processo de coaching, a empresa que, através do gestor e contratante, continua a acompanhar o coachee ao longo dessa atividade, terá mais chances de atingir os resultados desejados.

Mais adiante, você verá que faz parte das atividades desses participantes promover a participação de outras pessoas. Dependendo do tema do processo, pares, subordinados, clientes, entre outros profissionais, poderão ser convidados a participar dessa dinâmica, visto que pertencem ao mesmo sistema, contribuindo, de alguma forma, para a situação vigente que se quer mudar. Contudo, a responsabilidade de obter melhores resultados continua sendo do coachee.

PAPEL DO COACH

Ao contrário de uma consultoria, o coach não precisa ter experiência na área do contratante. Já atuei como coach de funcionários de empresas de cosméticos, da indústria farmacêutica, do segmento da moda, do mercado financeiro, da indústria de embalagens, do setor de telefonia e de músicos, sem nunca ter atuado nessas áreas. Por outro lado, é importante ter experiência em empresas. O fato de ter trabalhado por mais de 20 anos em várias companhias faz diferença em minha atuação como coach hoje, permitindo-me ajudar tanto os coachees quanto os contratantes a ampliarem suas percepções e, a partir daí, aumentarem as opções para atingirem os resultados desejados.

Ser aceito pelo coachee, entender sua linguagem, desenvolver um ambiente onde ele entre no seu melhor estado e criar sintonia são fatores fundamentais nesse processo. Se o coach não tiver experiência no mundo coorporativo, será mais difícil a empresa aceitá-lo, visto que se trata de um profissional que não conhece problemas empresariais, tampouco sua linguagem.

Quando for necessário, o coach explicará ao contratante o que é coaching e o que se pode esperar desse processo. Também analisará se o que o contratante espera pode ser obtido com essa técnica ou mesmo se esse é o melhor caminho a seguir e, caso não seja, declinará do trabalho.

O coach é responsável por conhecer e aplicar adequadamente a técnica do coaching. Ele lida com seres humanos e, por isso, cada processo é diferente, não havendo um padrão, mas sim pessoas. Uma estrutura com começo, meio e fim que aparecerá adiante neste livro poderá ser muito útil, mas nem sempre será seguida em sua totalidade. Em alguns processos, questões comportamentais específicas serão o tema principal e o foco será o autoconhecimento. Em outros, um projeto estará envolvido e o plano de ação ocupará uma posição de destaque. O coach deve estar capacitado a lidar eficientemente com tais aspectos.

Cabe ao coach atuar de forma que todas as pessoas envolvidas participem desse processo. Não é raro gestores se afastarem após a entrevista inicial e o Desenvolvimento Humano não interferir nessa decisão para não se indispor com aqueles que normalmente detêm poder na empresa. Muitas vezes, os coachees interpretam tal ação como uma mensagem de que coaching não é considerado importante pelo superior imediato ou mesmo pela empresa. Coaching não se resume às sessões entre coach e coachee. Se não houver a participação de todas as pessoas relevantes ao processo, o coach deverá avaliar se deve seguir adiante e realizar esse trabalho.

O coach deverá alinhar uma meta com os participantes. Coaching significa atingir objetivos. Não há coaching quando não há propósito. O coachee nem sempre está totalmente alinhado com o objetivo. Um lado dele pode ser contra, enquanto outro, a favor. Para entender isso, basta se lembrar de quantas vezes você esteve dividido em relação a alguma questão de sua vida. Há pessoas com dois lados divididos: um deles quer sair do emprego em que está, enquanto o outro deseja permanecer nele. Há aquelas que pensam que ter uma meta significa perder a liberdade de poder ir aonde quiserem. Então, esse lado que não deseja chegar ao resultado que está sendo trabalhado no processo, de uma forma que não seja percebida conscientemente pelo coachee, utilizará mecanismos de fuga e fará as sessões não surtirem efeito. Percebo isso quando questiono algo e a resposta não responde à pergunta feita: "Para você, quais são as opções a partir de agora?". E o coachee responde: "Acho que a decisão do presidente foi totalmente injusta". Uma vez estabelecida e alinhada a meta é importante que ela seja documentada pelo coach e enviada a todos os participantes.

O coach não atua apenas na percepção do coachee. O gestor, o contratante, pares, subordinados do coachee, assim como clientes, fornecedores ou outros públicos podem ser contatados em etapas determinadas para expressar suas percepções. Essa é uma forma do coach alinhar a percepção do coachee com a dos demais envolvidos e levar esse material para as sessões. Diferentes percepções de diversos participantes representam um rico material a ser utilizado. Trata-se de um convite ao coachee para que ele opere em diferentes formas de pensamento.

Durante todo o processo, cabe ao coach promover a comunicação entre coachee, gestor e contratante quando for necessário. Tal ação é diferente dele fazer essa comunicação. Não cabe ao coach falar para o gestor o que o coachee deveria ter dito. Um dos aspectos que fazem a diferença no desempenho dos líderes é sua capacidade de comunicação e o coach deve agir assim desde o início do processo.

O coach deve considerar o sistema, e não apenas o indivíduo. Muitos comportamentos que o gestor deseja que o coachee mude são, inconscientemente, estimulados por ele próprio ou por outras pessoas.

CASOS DE
coaching

VOCÊ TRABALHA COM ALGUÉM QUE É AGRESSIVO COM SUBORDINADOS OU PARES? LEIA ENTÃO A ESTÓRIA DA CARINA, ACREDITO QUE ELA SERÁ INTERESSANTE PARA VOCÊ.

Fui coach de Carina, uma jovem executiva responsável pela área comercial de uma empresa que fornecia peças para montadoras de automóveis. Segundo André, o vice-presidente da empresa, ela era uma pessoa extremamente proativa, alguém a quem poderiam passar as missões mais difíceis, visto que conseguiria realizá-las. Ao mesmo tempo, era vista como uma pessoa de temperamento descontrolado e muito agressivo, o que comprometia sua relação com os colegas e a equipe.

A rotatividade e o absenteísmo dos funcionários que trabalhavam com ela tinham aumentando e relatos de situações inadequadas geradas por ela eram recorrentes. Ela trabalhava na empresa havia menos de dois anos. O objetivo do coaching com Carina era que ela continuasse a obter as metas financeiras estipuladas para a divisão dela e, ao mesmo tempo, mudasse de comportamento, principalmente nos momentos em que fosse desafiada ou estivesse sob pressão.

Estipulou-se que tal mudança de comportamento deveria ser percebida por outras pessoas. No início do trabalho, Carina estava ciente dos comportamentos considerados inadequados que apresentava e, por isso, desejava mudar. Concordava também que deveria haver outras formas de agir e desejava encontrá-las. Após algumas sessões, tal mudança começou a ocorrer. Ela passou a lidar com situações desafiadoras de forma diferente. A avaliação que obteve do vice-presidente, entretanto, foi de que havia passado a ter uma presença pouco impactante nas reuniões com seus pares e subordinados e que ela tinha sido contratada por seu perfil agressivo.

Ao analisarmos todo o contexto, tudo faz sentido, apesar de parecer, à primeira vista, incoerente. André era vice-presidente da empresa.

> **"**
> **CONCORDAVA TAMBÉM QUE DEVERIA HAVER OUTRAS FORMAS DE AGIR E DESEJAVA ENCONTRÁ-LAS. APÓS ALGUMAS SESSÕES, TAL MUDANÇA COMEÇOU A OCORRER.**

Tinha um perfil conciliador, o que o levava a evitar conflitos. Seu pai era presidente e seu superior hierárquico. Ser admirado pelo pai era algo que ele queria. Esses dois aspectos eram antagônicos, pois, em um mercado extremamente competitivo e exigente, como aquele em que atuava, muitas vezes era necessário ser firme, sendo os conflitos inevitáveis e até saudáveis, desde que conduzidos de forma construtiva. Sem perceber, André encontrou a pessoa que executaria a parte do trabalho que seu lado conciliador não conseguia realizar: Carina. Contudo, quando as atitudes dela geraram os problemas relatados, ele precisou, de alguma forma, intervir.

Assim, dois personagens atuavam em sua mente: o conciliador, que buscava harmonia, e o executivo, que queria resultados a qualquer preço e ser reconhecido pelo pai. Em certo momento, um se manifestava e apoiava o coaching de Carina, mas, depois, o outro queria resultados o mais rápido possível e acreditava que manter a equipe e pares sob pressão era o caminho certo. Então, ninguém melhor do que Carina para desempenhar esse papel.

Somente com a participação de todos os envolvidos é que situações como essa podem evoluir. Nesse caso, cabe ao coach atuar também com o gestor, de forma que este possa oferecer ao coachee as melhores condições para conduzir seu trabalho. Assim, poderá ser necessário realizar coaching com o gestor ou mesmo acompanhar uma das reuniões entre o gestor e o coachee. Quando são vários os participantes de um contexto o coaching de equipe pode ser considerado também.

É essencial que o coach mantenha em sigilo tudo o que for dito durante as sessões. Um dos desafios desse trabalho é que o coachee confie nesse processo. É comum ele iniciar as sessões com desconfiança, ou seja, sem mostrar quem realmente é. Uma das principais dúvidas que surgem é "que garantias tenho de que o que disser aqui não será transmitido à empresa?".

Há empresas que utilizam profissionais da área de Desenvolvimento Humano como coaches para alguns processos internos. Nesse caso, a preocupação do coachee quanto à confidencialidade aumenta ainda mais. A forma como o coach agir é que fará ou não o coachee participar mais desse processo. Faz parte do coaching que o conteúdo das sessões permaneça nelas. Para a empresa contratante, isso deverá estar claro. Nos meus processos, há um relatório final em que são apresentadas algumas informações, como número de sessões realizadas, duração delas, percepções do coachee e do coach quanto aos resultados obtidos e a opinião dele sobre o processo. Esse relatório é elaborado com o coachee, a primeira pessoa a ter acesso à versão final e que sabe disso desde a sessão inicial.

PAPEL DO CONTRATANTE

Espera-se que o contratante reconheça e respeite a confidencialidade de que o processo necessita. Dessa forma, ele entende que coaching não é assessment e o coach não fará uma avaliação do coachee. O contratante sabe que o coach não informará aspectos confidenciais nem dará detalhes do que foi dito nas sessões pelo coachee sem sua autorização. Atualmente, esse procedimento está sendo bem mais aceito do que no início da expansão do coaching, quando as empresas ainda pressionavam os coaches para que revelassem detalhes dos encontros.

É papel do contratante oferecer ao gestor e ao coachee as melhores opções de coaches para o processo. O contratante avaliará a eficiência do coach, do processo de coaching proposto e manterá contato com ele, suprindo-o com informações de forma que efetue eventuais alterações necessárias. Também deverá dar suporte ao coachee para que ele tenha condições de participar do processo e atinja as metas traçadas. Espera-se do contratante que também gere dados que envolvam outras pessoas que não os principais participantes, como uma avaliação 360 graus ou dados para elaborar uma Janela de Johari.

O contratante deve realizar um trabalho coordenado entre coach, coachee e gestor, de forma que o processo caminhe. Há vários fatores externos que podem interferir nessa ação ao longo das sessões, dificultando sua realização e, em alguns casos, interrompendo o processo. Nesses momentos, a participação do contratante pode fazer uma diferença significativa.

Esse mesmo trabalho coordenado tem o objetivo de que a meta estipulada seja unânime entre os participantes. Em ambientes dinâmicos como os das empresas, não são raros processos em que ao longo dos meses a meta é "esquecida" por alguns dos participantes, o que leva à cobrança de outros objetivos. Tal situação ocorreu comigo em uma empresa na área de telecomunicações cujo jovem líder recém-promovido ao cargo de diretor comercial, Almir, passava pelo desafio de assumir uma nova função nessa fase de transição.

CASOS DE *coaching*

VOCÊ JÁ VIVEU SITUAÇÕES ONDE AS METAS ESTABELECIDAS MUDAM E QUANDO VOCÊ ENTREGA O QUE ACREDITA QUE ERA O QUE ESPERADO ISTO JÁ NÃO VALE MAIS? LEIA ENTÃO A ESTÓRIA DA ALMIR, ACREDITO QUE VOCÊ SE IDENTIFICARÁ E APRENDERÁ ALGO.

Almir tinha acabado de ser promovido ao cargo de diretor em uma empresa de telecomunicações brasileira. Bastante jovem e com uma carreira, até então, muito bem-sucedida, o desafio de adaptar-se à nova função estava se mostrando bem grande. Coaching foi contratado para que Almir pudesse assumir realmente a função de diretor e deixasse de atuar como gerente.

No início do processo, Almir percebeu os comportamentos, modelo mental e estruturação do tempo que ele tinha e que eram característicos da função que ele exercia antes de ser promovido. Tratava-se de sua zona de conforto, da qual ele tinha muita dificuldade de sair. Foi possível perceber o quão nítidas eram tais características após semanas terem passado sem Almir conseguir contratar alguém para exercer a função que era dele antes da promoção. Eram seus mecanismos de defesa que atuavam para que ele se mantivesse na velha e boa situação que ele dominava e na qual se sentia seguro, em um processo que, sem o coaching, ele não teria se dado conta. Pouco a pouco crenças foram trabalhadas e o coachee mudava suas condutas.

Quando chegou o momento de minha primeira reunião de alinhamento com o contratante e o gestor, fiz a seguinte pergunta: "Até o momento, o que vocês têm observado no coachee em relação à meta estabelecida para ele?". A resposta foi: "O departamento de Almir está enfrentando um grande desafio e o que mais esperamos dele no momento é que as metas deste semestre sejam atingidas. Como isso tem sido tratado no coaching?".

Ao continuar a conversa, percebi que as metas semestrais, naquele momento, tinham se tornado muito mais importantes e tudo o que estava relacionado ao desenvolvimento de Almir como líder em um novo nível não interessava mais. O que interessava é que ele cumprisse as metas independentemente de estar ou não contribuindo para o desenvolvimento das pessoas da sua equipe. Nesse momento, foi necessário um realinhamento do processo. Técnicas de coaching foram utilizadas de forma que o contratante e o gestor tivessem uma percepção que levasse em conta um contexto muito mais amplo do que o daquele momento e decidissem que caminho deveriam seguir.

PAPEL DO COACHEE

É fundamental que o coachee esteja aberto e deseje o processo. Essa é a principal condição para que o coaching funcione e gere os resultados desejados. Tudo mais se torna improdutivo quando isso não ocorre. Quanto mais aberto e disposto o coachee estiver, mais ele contribuirá para que o coaching ocorra. Já mencionei que coaching se relaciona à ampliação de percepções a partir das quais novas opções de comportamento, pensamentos, emoções ou mesmo de quem o coachee é são adotadas, aumentando a possibilidade de se obter os resultados desejados.

Quando o coachee não está aberto ao processo, ele se recusa a acessar essas novas percepções. Ao contrário, passa a pedi-las ao coach que, ao aceitar tais solicitações e dizer o que o coachee deve fazer, tira dele a responsabilidade do processo. Ao voltar à sessão seguinte, o coachee, que executou, por exemplo, uma tarefa sugerida pelo coach e não obteve o resultado desejado, simplesmente dirá: "Fiz o que você me pediu e não deu certo. Qual é a sua próxima sugestão?". A partir daí, está estabelecido um jogo psicológico de dependência onde não há desenvolvimento.

O coachee é responsável pela obtenção do resultado desejado. O coach não tem controle sobre o resultado a ser conquistado. Ao aplicar a mesma técnica, com a mesma competência o coach se depara com processos cujos resultados desejados são obtidos, enquanto, em outros casos, isso não ocorre. É uma armadilha os coaches acreditarem que são responsáveis pelos resultados obtidos nos processos, pois dificilmente estarão isentos de julgamentos se assumirem essa responsabilidade para si. Não é raro acontecer isto com os coaches que estão no início de carreira. Ser coach é como caminhar ao lado do coachee e contribuir para essa jornada que é dele. O coachee é dono dos resultados obtidos, sejam eles quais forem. O coachee deve saber que o coach estará do lado dele e, ao mesmo tempo, não fará a jornada por ele.

O coachee deve dedicar tempo ao processo além do investido nas sessões.

Coaching relaciona-se ao ato de fazer e não simplesmente a ter novas percepções ou boas ideias. São as ações chamadas de tarefas que geram a mudança. Uma das pressuposições do coaching é: "Se quiser entender, faça". Para ser bom em algo, é necessário praticar. Um bom pianista, por melhor que seja, se parar de se exercitar, perderá qualidade naquilo que executa.

Por meio da realização de tarefas entre as sessões novos comportamentos, pensamentos ou emoções são praticados e incorporados ao mesmo tempo que práticas que não conduzem aos resultados desejados são interrompidas. Como a prática leva à excelência, pessoas que repetem com frequência ações que levam a resultados indesejados passam a ser excelentes nisso. Da mesma forma as que praticam ações que levam a resultados desejados ficam excelentes em obter resultados desejados. Coaching convida as pessoas à opção de serem excelentes no que fazem. Por meio das percepções, novos procedimentos são estabelecidos para se agir diferente. Ao perceber que se comunica pouco, o coachee pode decidir se reunir todo o início de semana com sua equipe ou aproximar-se dos seus pares.

De alguma forma, ele terá que se planejar, pois o tempo investido nessa ação significará menos tempo para outras atividades que até então realizava. Serão tarefas como pesquisar ou ler sobre um determinado tema, agendar reuniões que não ocorriam anteriormente ao coaching, alterar o padrão de comunicação, podendo envolver dar ou pedir feedback de forma adequada, entre outras que incluem diferentes formas de pensar. Coaching é fazer diferente.

Quando o coachee utiliza as tarefas como oportunidades de aprendizado e para incrementar o próprio desempenho, a possibilidade de que as metas definidas para o processo sejam atingidas aumenta significativamente. Falarei mais sobre tarefas no capítulo Etapas do Coaching Executivo.

É fundamental que o coachee entre no processo com objetivos desafiadores referentes à sua participação. Tal ação exige que todos os participantes deem o melhor de si. Trata-se de "elevar a altura da barra". O processo deve ser desafiador, o que não significa ser impossível. Se há uma grande meta a ser alcançada, metas intermediárias devem ser estabelecidas. A cada resultado alcançado, a motivação se fortalece em direção ao objetivo maior. As pessoas que tenho acompanhado que desenvolveram um projeto com metas de curto, médio e longo prazos mostraram, ao longo dos anos, ser aquelas com mais possibilidade de ter uma vida grandiosa.

Finalmente, cabe ao coachee buscar fontes isentas que possam informar-lhe como está evoluindo em relação à meta acordada entre os participantes. Ao escolher tais pessoas, o grande desafio é encontrar aquelas com percepção honesta e não as que lhe dirão o que quer ouvir. No coaching, é gratificante quando o coachee passa a considerar a opinião daqueles que normalmente não eram por ele consultados, uma vez que poderiam dar pareceres diferentes dos desejados. Quando o processo é alimentado por essas percepções, e não apenas pelas do coachee, enriquece significativamente.

PAPEL DO GESTOR

Coaching não é um processo que permite delegar integralmente a terceiros, normalmente externos, a responsabilidade de desenvolver os líderes da empresa. Desde o momento em que o gestor define como será o processo, sua participação se torna fundamental. Afinal, pode influir nas ações da equipe, na qual se inclui o coachee. O gestor passa muito mais tempo com a equipe do que o coach. Um líder tem potencial para promover ou enfraquecer significativamente o trabalho de coaching.

O gestor acompanha os resultados obtidos e dá feedback para o coachee e o coach. Essa participação é um indicativo de como tais ações são consideradas importantes pela empresa e envolvem encorajar o coachee nesse processo. O gestor também contribui para estabelecer ou manter uma cultura organizacional em que coaching é percebido como algo possibilitador, sendo os coachees pessoas nas quais a organização considera importante investir. O coachee percebe isso rápida e claramente. Ele contará com mais um aliado em sua jornada, além do coach.

O conhecimento e a experiência do gestor, associados à sua presença, representam significativa contribuição não só para o desenvolvimento do coachee, mas também de si próprio.

Alguns exemplos de ações dos gestores incluem:

- *Escolher contextos em que não dirá ao coachee o que deve ser feito, mas sim perguntas para que ele desenvolva sua atividade alinhada com os resultados desejados;*

- *Desafiá-lo;*

- *Dar ou pedir feedback;*

- *Atribuir responsabilidades e metas condizentes com as do coachee para gerar resultados e desenvolver pessoas ao mesmo tempo (em muitas situações, o coachee é tão pressionado pela permanente obtenção de resultados em curto prazo que não lhe sobra tempo ou espaço para desenvolver pessoas);*

- *Acompanhar e deixar que o coachee conduza uma reunião;*

- *Estabelecer tarefas com ele descritas em Etapas do Coaching Executivo;*

- *Ter uma comunicação assertiva com ele;*

- *Proporcionar condições para que ele atinja a meta estabelecida para si.*

A participação do gestor é importante também pelo fato de que muitas das questões que são trazidas para um processo e para as quais há um desejo de mudança não são provocadas pelo coachee, mas pelo seu gestor ou pelo o sistema do qual ele faz parte. Muitas vezes os coaches ouvem na entrevista inicial considerações sobre necessidades de melhoras do coachee que é colocado como o responsável pela existência do que se quer melhorar. É o gerente de vendas que não tem paciência com a sua equipe, é o diretor comercial que é muito centralizador ou o líder que não desenvolve pessoas. Ao longo do desenvolvimento do trabalho o coach começa a perceber ações do gestor que mostram o quanto este gestor contribui para as situações que precisam mudar.

Só que ele não percebe isto e, frequentemente, tem dificuldades em aceitar este contexto. Afinal é muito mais fácil perceber pontos a melhorar nos outros do que em nós mesmos.

Cabe ao gestor ser receptivo a feedbacks e adotar mudanças de comportamentos que o levem a colaborar para o sucesso do coachee. Entender que também é responsável pela situação em que o coachee se encontra e por seu desenvolvimento é fundamental. O gestor que entende e se posta como alguém que considera o coaching um processo de desenvolvimento não destinado a consertar os outros contribui significativamente para a obtenção dos resultados desejados. Esse desenvolvimento se destina a todos os envolvidos no processo e cada participante tem uma excelente oportunidade de aprender com os demais. Assim, o gestor pode aprender muito com o coachee e o coaching.

Considerar apenas o indivíduo, e não o restante do sistema, é estabelecer um processo limitado, sendo também esse o resultado obtido. Desde o início, quando o coach estabelece com o coachee atividades antes da primeira sessão, o gestor também pode contribuir, participando do processo. As respostas às seguintes perguntas determinarão se o coachee realizará ou não uma determinada tarefa: "O que meu chefe acha disto?"; "Ele perceberá que atingi as metas do coaching?"; "Isto é considerado relevante por ele?".

Ao longo do processo, o coach fará reuniões de alinhamento com a participação do gestor, o qual precisa perceber que o tempo investido nessas reuniões destina-se a dedicar tempo ao desenvolvimento de sua equipe. Igualmente o coachee, seu liderado, investirá parte do tempo com sessões, locomoções e tarefas.

O gestor é um líder que utiliza ferramentas de coaching e mentoring, além das diretamente relacionadas à sua função, e, em certas situações, uma sobreporá as outras. Portanto, exerce vários papéis. Em alguns momentos, dirá o que tem que ser feito e como tem que ser feito. Tal conduta contribui para gerar os resultados desejados, principalmente os de curto prazo, quando se trata de uma operação que não exige criatividade e processos estabelecidos são o mais importante para chegar aonde se deseja ou quando o risco envolvido é muito alto. Contudo, o gestor que determina o que deve ser feito o tempo todo não permite que sua equipe se desenvolva, cria dependência e não resolve os problemas de forma correta. É fundamental que ele assuma o papel de coach ou mentor, utilizando ferramentas dessas atividades e convidando a equipe a crescer, fator essencial para o sucesso de todos. O retorno dessa ação tem-se mostrado muito maior do que o investimento, seja de tempo, seja financeiro.

Se você, coach, deseja que seus processos tenham resultados nítidos, invista para que todas as pessoas envolvidas participem de forma possibilitadora de seu processo.

CAPÍTULO

2

A CONEXÃO ENTRE COACH E COACHEE

> Conheça todas as teorias, domine todas as técnicas, mas, ao tocar uma alma humana, seja apenas outra alma humana."

Carl G. Jung

2

A CONEXÃO ENTRE COACH E COACHEE

Se tivesse que escolher qual o principal aspecto que um coach executivo de líderes deve observar durante o processo com seu coachee, diria, com segurança, que é a qualidade da conexão estabelecida entre ambos. Tão importante é esse aspecto que se o critério de escolha para a sequência dos assuntos deste livro fosse a relevância, a qualidade da conexão estaria na primeira página.

E o que contribui e o que não contribui para a conexão entre coach e cliente? Normalmente, executivos são pessoas com uma série de competências que os levaram aos cargos que ocupam. Salvo algumas exceções circunstanciais, conhecem tecnicamente suas funções muito bem, o que os ajuda muito em suas carreiras, justamente em aspectos que o coach não conhece. As maiores possibilidades de desenvolvimento que o coaching proporciona não estão na evolução técnica do coachee. Não é preciso, portanto, conhecer tecnicamente o negócio do contratante para ser um coach que desenvolve uma boa conexão com seus clientes. Já tive coachees de empresas de lubrificantes, de produtos de higiene pessoal, telefonia, alimentação, hotelaria e moda sem ter atuado nesses segmentos como executivo ou líder. Tal fato até se torna vantajoso em alguns momentos, pois o coach faz perguntas que os especialistas da área não fazem porque as respostas são consideradas óbvias. Só que exatamente tais perguntas levam o coachee a pensar. O coach tampouco é um consultor que faz perguntas para dar respostas, mas sim o profissional que faz perguntas para o coachee encontrar as respostas. Esse sim é um dos aspectos que contribuem para a conexão entre eles. Preste bem atenção quando estiver fazendo perguntas. Você tem as possíveis respostas e está fazendo tais perguntas para que o coachee chegue a elas? Se a resposta for positiva, então reconsidere sua atuação como coach. Coaching é algo muito mais desafiador para o coach, visto que passa por um estado de curiosidade em viajar pelo mundo do coachee, sem saber aonde tal ação o levará. É um processo em que perguntas poderosas, aquelas que fazem o outro refletir ou acessar um estado interno diferente, são feitas por quem não tem as respostas. O coach aplica as técnicas para que essa viagem com o coachee por caminhos totalmente inesperados de ampliação de percepções tenha como destino as metas estabelecidas no processo. Leve a sério a expressão "caminhos totalmente inesperados". E se você é líder, já pensou em aceitar dos seus liderados respostas que levem a caminhos inesperados e estar aberto a explorá-los como se você fosse o coach deles?

Ao falar de coaching generativo, Stephen Gilligan comentou que somente quando o coachee segue caminhos inesperados pelo coach é que o verdadeiro processo começa. O coach deve ter a capacidade de acompanhar o caminho do coachee, explorando novas percepções que não as dele, ao mesmo tempo que a meta não pode ser esquecida nem desconsiderada. Essa capacidade é outro aspecto que contribui para a qualidade da conexão e será mais bem abordada adiante.

Um outro ponto que também ajuda o coach a se conectar com os líderes, além de conhecer e ser hábil em aplicar técnicas do coaching, é ter vivido o mundo empresarial para entender o que é estar na posição de coachee. Perceba que ser especialista na área de atuação do coachee (isso não é necessário) é diferente de ter tido experiência no mundo empresarial.

Agora, por meio da pergunta a seguir, convido-o a explorar um outro aspecto dessa relação:

Quão interessantes são os *coachees* que você tem?

Tal questão também é determinante na qualidade da conexão que será estabelecida, pois é diretamente proporcional ao quão interessante o coach considera a pessoa que está à sua frente em uma sessão. Ela é seu foco principal. Trata-se de alguém que apresenta infinitas possibilidades e que o leva a se perguntar:

Quais são as *possibilidades* que surgirão neste processo?

E que tem a resposta: "Ainda não sei, mas estou muito interessado em saber. Meu cliente tem as respostas e meu trabalho aqui é ajudá-lo a encontrá-las". E os líderes, em que contextos podem atuar desta forma com seus liderados? A resposta a esta pergunta está no Capítulo IV em "Líder Coach ou Líder que Ensina". Se você não tem certeza sobre qual é a melhor resposta acredito que seja útil você dar uma olhada lá agora e depois retomar a leitura do texto aqui.

Quando o coach está nesses estados que levam ao aumento da conexão ele passa a ser percebido pelo coachee como alguém que está interessado e pode ajudá-lo. É a partir daí que a conexão se estabelece. Quando essa conexão acontece, o coachee entra no processo de forma muito mais profunda e os resultados obtidos são consideráveis. É fundamental que essa conexão exista pelo fato de que, como você observará ao longo do livro, em vários momentos, haverá aspectos provocativos, os quais virão na forma de perguntas, propostas de tarefas, textos ou mesmo mediante o contato com o diferente. Nesse momento, a principal diferença será a qualidade da conexão que você terá com o coachee.

2
A CONEXÃO ENTRE COACH E COACHEE

AUMENTANDO SUA CONEXÃO

ESTADOS INTERNOS DE RECURSOS

Boa parte do trabalho do coach consiste na capacidade de ajudar o coachee a entrar no estado máximo de recursos e ser o melhor que pode ser. A conexão entre coach e coachee melhora muito quando isso acontece. Todos nós temos um estado de recursos. Trata-se daquele estado em que estamos no nosso melhor. Alguns utilizam a palavra centrado para se referir a ele. Estar centrado significa estar conectado ao seu centro, à sua essência, o que permite permanecer em equilíbrio mesmo quando o ambiente externo o convida ao desequilíbrio. Nesse estado, você se conecta aos seus recursos, que podem incluir tranquilidade, equilíbrio, determinação, foco, segurança, só para citar alguns deles. Aqui, a possibilidade de você atingir seus objetivos é ampliada. Já quando o coachee perde o centro, perde também a conexão com seus recursos, diminuindo a possibilidade de obter os resultados desejados. Aspectos limitantes de emoções como a raiva, o medo ou a inveja passam a operar e ele deixa de atuar no seu melhor. Quando isso acontece com frequência, o coachee passa a acreditar que não tem os recursos de que precisa para lidar com uma determinada situação. O que está ocorrendo é que continuam lá, mas ele não os acessa. Isto acontece com todos nós. Com certeza você conseguirá se lembrar de momentos em que você conseguiu ficar centrado e em outros onde o oposto aconteceu.

Assim como todas as demais pessoas, o líder é convidado e pode aceitar os convites de sair de seu centro várias vezes ao dia. Esses convites fazem parte da vida e manifestam-se como injustiças, incompetência de terceiros, atitudes desonestas ou inadequadas dos outros, para citar somente alguns exemplos. Perder seu centro, ou seu melhor estado trata-se, normalmente, de um processo inconsciente. O que fica consciente são os resultados obtidos com essa perda de equilíbrio. O coachee não obtém os resultados que deseja nem percebe, de forma completa, o que está acontecendo. A boa notícia é os convites não são imposições que obrigatoriamente devem ser acatadas. Para o líder, é opcional aceitá-los ou não. Mesmo quando aceita esses convites, é possível, a qualquer momento, interromper o processo e reestabelecer a ligação com o estado de recursos. Quanto mais cedo perceber que está em desequilíbrio, melhores serão as chances de voltar ao estado ideal de máximo desempenho. O coach tem um papel importante nessa prática. O exemplo a seguir ilustra tal fato.

CASOS DE *coaching*

VOCÊ ESTÁ QUERENDO ENTENDER MELHOR COMO PERDEMOS NOSSO ESTADO DE RECURSOS? LEIA ENTÃO A ESTÓRIA DO CARLOS, ACREDITO QUE ELA SERÁ INTERESSANTE PARA VOCÊ.

Em uma reunião para definir os resultados finais de um programa de desenvolvimento de pessoas, na área de serviços, de uma empresa multinacional espanhola, Samuel, o presidente da unidade Brasil, que tinha por volta de 10 mil colaboradores, estava com seus diretores para escolher os finalistas do "Líder Inspirador". Esse programa tinha grande relevância para o trabalho de desenvolvimento de líderes realizado na empresa e, por consequência, das demais pessoas que aí atuavam. Os critérios para eleger os finalistas tinham sido definidos previamente, durante uma apresentação do principal executivo da área de Desenvolvimento Humano, Carlos, para esse mesmo grupo de diretores que o aprovou na ocasião, após uma calorosa discussão de conceitos e interesses.

Quando os finalistas foram anunciados, após uma escolha baseada nos critérios estabelecidos, o nome de uma das líderes, Ângela, muito estimada por Arnaldo, diretor comercial, e pelo presidente da empresa, não constava na lista. Tal fato gerou comentários e questionamentos de Arnaldo, que abertamente manifestou sua insatisfação. Nesse momento, surgiu o primeiro convite para Carlos sair do estado de máximo de recursos ou de seu centro.

Na frente de todos, ele foi questionado veementemente quanto ao nome apresentado. De imediato, sentiu um enorme desconforto e os seguintes pensamentos surgiram: "Sabia que essa reunião era arriscada. Arnaldo não está preocupado com o real desenvolvimento dos líderes, mas sim em defender uma pessoa que o bajula e tem uma boa carteira de clientes. Ele coloca os interesses dele e os resultados de sua área acima de tudo. Assim, fica muito difícil mudarmos essa empresa! Minha vontade é dizer tudo isso para que todos saibam o que realmente está por trás da argumentação dele. Até que ponto há abertura aqui para uma atitude dessas?".

Ao mesmo tempo, seu desconforto aumentou seguido de insegurança quando considerou que Samuel apoiava a posição de Arnaldo. Seus pensamentos seguintes foram: "É impressionante como Samuel é manipulado por Arnaldo! Como o presidente de uma empresa com mais de 10 mil funcionários pode se deixar levar tão facilmente por uma argumentação baseada em interesses específicos de um departamento? Ele não leva em consideração o bem comum! Na verdade, deveria conduzir a reunião para que esse tipo de atitude não ocorresse!".

Carlos tinha acabado de aceitar o convite para sair de seu centro e, agora, a insegurança (medo) e a raiva atuavam, não lhe permitindo agir em seu estado de desempenho máximo.

Quando comentou sobre esta situação na sessão de coaching Carlos voltou ao estado de raiva que tinha acessado durante a reunião. Passou a responder às perguntas que eu fazia de forma limitada, ou seja, sem perceber nenhuma outra possibilidade além das que seu estado interno desconectado dos seus recursos lhe oferecia. Continuar a sessão com Carlos naquele estado não permitiria atingir os resultados que ele buscava com o processo. Era necessário ajudá-lo a voltar ao estado interno de recursos.

O primeiro passo é o coach estar nesse estado de recursos, caso contrário não há convite algum para estados de equilíbrio. Trabalhe seu estado interno. Muitas vezes, isso deve ocorrer no início da sessão, para que você, coach, também esteja em seu melhor. O que se estabelece a partir daí é uma conexão entre coach e coachee de qualidade, que faz este também ir para seu estado de recursos e desenvolvimento. Cabe ao coach investir significativamente nisso. Estar no seu melhor estado como coach varia de pessoa para pessoa e pode significar chegar antecipadamente ao local da sessão, ouvir uma música que te leve ao seu melhor estado, fazer uma meditação, trabalhar o seu próprio desenvolvimento constantemente, entrar em contato com situações que você estava muito bem, escolher pessoas que representam muito para você e mentalizá-las do seu lado durante a sessão ou qualquer outra prática que favoreça você.

A partir do seu melhor estado como coach peça para o coachee sair do local onde está sentando alterando a postura. Peça para ele se movimentar, o que pode ser tomar uma água, dar um giro sobre o próprio corpo, levantar os braços, sacodir a cabeça ou tudo isso e sentar-se novamente de preferência em uma outra cadeira, ou se ele se sentir à vontade e o espaço onde vocês estiverem permitir, no chão mesmo. Quando ele se sentar novamente pergunte para ele qual é o número do telefone dele de trás para frente, ou qualquer outra coisa que desvie a atenção para algo diferente do que o levou a perder o centro. Isto se chama quebra de estado. A partir daí há algumas formas de você convidá-lo a voltar para o centro.

Peça para ele falar sobre algo muito prazeroso para ele. Pode ser a sobremesa favorita. Faça ele viver a experiência de estar em contato com essa comida. Peça detalhes.

Outra é pedir que ele altere o padrão respiratório. Se você conhece a técnica peça para ele respirar mais devagar e mais lento e profundamente sentindo de forma agradável a respiração.

VOCÊ BAIXOU O APLICATIVO DESTE LIVRO? É HORA DE APROVEITÁ-LO!

O título do áudio desta parte é
"SEU COACHEE CENTRADO E NO MELHOR ESTADO INTERNO DE RECURSOS".
Se quiser assuma o papel do coachee. Feche os olhos e perceba ao final o que mudou em você.

Se você conhece técnicas de indução como a Hipnose Ericksoniana pode ir mais além trabalhando o estado interno de recursos ou mesmo convidando o coachee a entrar em contato com a raiva ou com o medo e obter novos significados para o contexto.

Costumo dizer para meus alunos nas formações de coaching da Iluminatta que essa conexão é como o lubrificante de um motor. Você pode ter o melhor automóvel que existe, mas o que acontecerá se der partida sem ter colocado óleo nele? Investir em um processo de coaching sem antes desenvolver essa conexão que leva a uma sintonia com seu coachee resultará em um processo cujas técnicas parecerão não funcionar, desmotivando os envolvidos ao não se obter os resultados desejados.

Os tópicos a seguir apresentarão outros aspectos que contribuem para que seus clientes estejam no melhor que podem estar ao longo dos processos de coaching que você desenvolver com eles e aumentarão a conexão coach coachee.

POSIÇÕES EXISTENCIAIS

É vasto o material existente com técnicas de como o coach pode ajudar o coachee a estar no seu melhor. Quando consideramos a conexão, estamos tratando de algo que envolve, no mínimo, duas pessoas, sendo uma delas o coach, de quem também se espera que esteja no seu melhor.

Ao utilizar o conceito das posições existenciais, de Eric Berne, é possível afirmar que há quatro situações que podem ocorrer em uma relação entre coach e coachee, dependendo da posição assumida pelo coach:

- Eu, coach, estou OK; você, coachee, está OK (+/+).
- Eu, coach, não estou OK; você, coachee, está OK (-/+).
- Eu, coach, estou OK; você, coachee, não está OK (+/-).
- Eu, coach, não estou OK, você, coachee, não está OK (-/-).

Leia o texto e depois responda à pergunta ao final. Ela poderá te levar a refletir sobre você como coach.

> **Eu, coach, estou OK; você, coachee, está OK (+/+)**

Essa é a situação em que o coach se sente útil e percebe que pode contribuir com o coachee. Suas limitações como coach são consideradas, assim como seus pontos fortes. O coach acredita que seu domínio sobre a técnica é circunstancial, então não se apega a essa situação o que o levaria a considerar que é melhor ou superior ao coachee. Para ele, quem está à sua frente é uma pessoa que também contribui nessa relação e tem pontos a desenvolver como qualquer ser humano. Os pontos fortes do coachee são fonte de inspiração e recursos úteis para o processo. Além disso, o coach considera o coachee fonte de aprendizado e está aberto ao que pode aprender com ele ao longo do processo. O coach acredita em si e no coachee.

CASOS DE *coaching*

QUE TAL UM POUCO DE PRÁTICA? LEIA A ESTÓRIA DE SOFIA E PERCEBA COM O QUE VOCÊ SE IDENTIFICA QUANDO ATUA COMO COACH?

Como coach, Sofia está iniciando um processo com Teresa, vendedora promovida a gerente de vendas há alguns meses que está tendo dificuldade em exercer seu novo papel. A equipe que agora gerencia tinha a expectativa de que ela, como gerente, fosse uma porta-voz mais ativa das reivindicações do grupo. Afinal, era considerada uma vendedora que se tornou gerente. Aceitar essa expectativa do grupo e manter a forma de pensar dos vendedores estava impedindo Teresa de exercer o papel de gerente, até mesmo no que diz respeito a ajudar seus subordinados a ampliarem suas percepções e se desenvolverem.

O trabalho de desenvolvimento da equipe era algo que a gerente anterior não fazia, o que representa um desafio ainda maior para Teresa. Sofia sabe que a empresa espera que a nova gerente obtenha resultados e desenvolva a equipe ao mesmo tempo e acredita que isto é possível ("Vocês estão OK"). Percebe também que esse momento pelo qual Teresa está passando decorre das circunstâncias envolvendo sua promoção e não de uma incapacidade da coachee ("Você está OK"). Finalmente, acredita que tem plenas condições de contribuir, seja pela técnica, seja por sua experiência e pelos resultados em processos anteriores com os quais já trabalhou como coach ("Eu estou OK"). Quando surgem dificuldades e Teresa não faz as tarefas estabelecidas, Sofia percebe essas situações como oportunidades de aprendizado e tenta fazer que a coachee amplie suas percepções e trabalhe seus conteúdos de forma a ter outros comportamentos ("Você está OK").

Eu, coach, **não estou OK**; você, coachee, **está OK** (−/+)

Nesta posição, o coach se sente inferior ao coachee ou ao desafio do processo e não acredita que será útil ou que enfrentará muitas dificuldades devido suas deficiências. Durante as sessões, passa a ter comportamentos que comprometem sua imagem ou atrapalham o coaching. Muitas vezes, o coachee é avaliado como alguém melhor do que ele. O cargo de coachee é um convite para o coach entrar nessa posição.

Durante uma das formações de Coaching Executivo, em que fui treinador, convidei um amigo, presidente de uma empresa na área de telefonia, a participar de um dos exercícios do programa. Esse exercício consistia em uma sessão de coaching, em que ele seria o coachee e apresentaria um contexto real que gostaria que fosse trabalhado na sessão. Os participantes do programa seriam coaches que fariam perguntas a esse presidente.

Um dia antes, quando anunciei que faríamos esse exercício, percebi que, para alguns participantes, essa atividade seria um tanto incômoda. No dia seguinte, durante a prática, minha sensação se confirmou e o desempenho dos alunos caiu. Eles estavam tensos e um pouco agitados. As perguntas que fizeram não eram tão boas quanto as feitas em dias anteriores no programa. O grande problema é que se tratava de um presidente de empresa, o que os levou à posição "eu não estou ok; você está ok". Há coaches que operam muito bem com supervisores e a média gerência, mas não atingem potencial máximo quando os coachees ocupam cargos acima destes. Eles pensam: "Como posso ajudar alguém que considero melhor do que eu?".

Considere a Sofia do nosso Casos de coaching do tópico "Eu, coach, estou OK; você, coachee, está OK" e considere que agora ela está na posição "Eu, coach, não estou OK; você, coachee, está OK". Ao ouvir de cliente do que se trata o coaching, Sofia logo pensa: "Hum, que grande desafio". A área de vendas é a mais desafiadora para se trabalhar e não tenho muita experiência em meu novo cargo. Aliás, nos dois únicos processos em que trabalhei com áreas comerciais, os resultados foram muito ruins e não sinto que será muito diferente aqui. Ao mesmo tempo, se recusar essa proposta, não serei bem avaliada por esse contratante que é tão importante para a nossa empresa" ("Eu não estou OK"). Sofia percebe que seu estado interno não é o mais favorável. Será grande a possibilidade dela se sentir pressionada para obter resultados a cada sessão e isto interferir desfavoravelmente no processo.

Eu, coach, **estou OK**; você, coachee, **não** está OK (+/−)

É a situação em que o coach se sente útil e pode contribuir com o coachee. Só que nesse caso ele não acredita tanto no coachee. Dependendo do grau em que isso ocorre, o coach passa a dizer o que o coachee deve fazer e sugestões passam a contaminar o processo. Os potenciais latentes não são percebidos nem estimulados pelo coach. Da mesma forma, na posição "Eu não estou OK; você, coachee, está OK (−/+)", o cargo de coachee pode ser um convite para o coach ir a essa posição.

Vi processos em que o reconhecimento e todas as consequências do que isso representava para os coaches eram maiores quando os coachees tinham um alto cargo na empresa. Ter coachees em cargos hierarquicamente inferiores fez o grupo de coaches se sentir em um nível inferior, o que se refletiu na posição existencial que assumiram perante os coachees. Eles confundiram suas capacidades com o cargo de coachee, o qual pode reagir de forma passiva e aceitar essa posição, passando para uma posição de dependência em relação ao coach.

Tal fato ocorre principalmente quando o coachee tem uma posição "Eu não estou OK" confirmada, segundo sua percepção, pela postura do coach. Nesse caso, seu desenvolvimento é comprometido. Nessa situação, outros coachees reagem alterando a situação, seja exigindo do coach uma postura diferente, seja buscando outro profissional. Isto ocorrerá principalmente com coachees que estão na posição "Eu estou OK".

Muitas vezes, a posição "Eu, coach, estou OK; você, coachee, não está OK   (+/−)" significa a posição "Eu, coach, não estou OK; você, coachee, está OK (−/+)" disfarçada.

CASOS DE *coaching*

CURIOSO EM SABER COMO A SOFIA ATUARIA COM A TEREZA SE TIVESSE A POSIÇÃO "EU, COACH, ESTOU OK; VOCÊ, COACHEE, NÃO ESTÁ OK" COMO PREDOMINANTE?

O processo com Teresa começa e algumas sessões são realizadas. Ela comparece às sessões, mas não efetua as tarefas a que se propõe, principalmente aquelas relacionadas a se impor mais perante sua equipe e seu diretor. Com isso, sente-se pressionada por todos os níveis e pensa cada vez mais em sair da empresa. Teresa sente-se bastante incomodada com essa situação e lhe ocorrem pensamentos do tipo: "Logo percebi que essa coachee me daria muito trabalho ("Você não está OK"). Com determinados contratantes, não há muito o que fazer. Terei que tomar uma atitude firme e mencionar essa postura no relatório ou no meu próximo encontro com o diretor dela e o Desenvolvimento Humano".

A posição (+/-) pode estar generalizada. Nesse caso, amplia-se para outras pessoas. "Era de se esperar uma situação como esta, afinal o diretor colocou Teresa em uma situação muito complicada e agora não lhe dá nenhum apoio. Ele não quer que as metas desse processo sejam alcançadas. Deve haver outros interesses aqui".

Quando a generalização é maior ainda, a posição (+/-) se manifesta para tudo. O coach tem pensamentos do tipo: "Não dá para fazer coaching neste país. A mentalidade do povo não permite".

> **Eu, coach, não estou OK; você, coachee, não está OK (−/−).**

Neste caso, ninguém se sente útil e pessoas que operam a maior parte do tempo nessa posição não conseguem ser coaches.

Além de culpar a coachee e o diretor no caso anterior, Sofia começa a se sentir mal, visto que mais uma vez um processo que conduziu não chegou a lugar algum, o que reforça a imagem que tem de si mesma como alguém com potenciais bastante limitados ("Eu não estou OK; você não está OK").

Caminhos a seguir no coaching

Estar no melhor estado como coach é estar na posição OK/OK (+/+). Nós não permanecemos o tempo todo, ao longo da vida, em uma única posição. Dependendo do contexto, nossa energia vai de uma extremidade a outra. Em casa, podemos ter uma posição e no trabalho, outra. Da mesma forma, isso também ocorre em situações sob pressão e de conforto. Há uma, entretanto, que é nossa preferida ou fundamental. Qual é a sua?

Para os coaches, é importante também ajudar seus coachees a perceberem qual é a posição preferida deles e, a partir dessa percepção, contribuir para que caminhem, quando necessário, para a posição OK/OK (+/+). Coachees que estão nessa posição se tornam mais receptivos ao processo, o que é fundamental, como veremos em Etapas do Coaching Executivo, para serem produtivos. O exemplo a seguir pode ajudar a compreender melhor como navegamos por várias posições ao longo do dia.

CASOS DE *coaching*

LEIA O CASO DA PRISCILA. TRATA-SE DE UM EXEMPLO MUITO RICO DE COMO VAMOS DE UMA POSIÇÃO EXISTENCIAL PARA OUTRA DENTRO DE UM MESMO CONTEXTO, NO CASO DELA O PROFISSIONAL.

Priscila nasceu no interior do Paraná e veio a São Paulo estudar Psicologia. Enquanto fazia o curso na faculdade, foi trabalhar como estagiária no Departamento de Desenvolvimento Humano de uma empresa da área de seguros. Permaneceu aí por dez anos, onde fez carreira, chegando a responder diretamente ao diretor desse departamento. Durante esse período, teve contato com várias empresas prestadoras de serviços e das quais sua empresa era contratante. Envolveu-se em vários projetos e passou por várias situações desafiadoras.

Se, por um lado, sentia-se realizada naquele momento, principalmente quando se lembrava de tudo que havia conquistado desde sua chegada a São Paulo, por outro, desejava mais. Percebia também que onde estava trabalhando, por melhor que fosse no momento, não seria um lugar tão bom em cinco anos. Era considerada uma profissional competente e forte candidata a ocupar o cargo de diretora de Desenvolvimento Humano nos anos seguintes. Tudo parecia perfeito, com exceção de seu ritmo de trabalho ser muito intenso, com jornadas exaustivas em um ambiente muito exigente. No início, não se incomodava com isso, pois estava muito focada em fazer carreira e concentrava grande parte dos esforços na profissão.

Quando conheceu seu futuro marido e começou a namorá-lo, tal situação mudou, pois outros interesses entraram em cena. Seus planos passaram a incluir filhos e ser uma mãe dedicada, principalmente nos primeiros anos de vida deles. Não via possibilidade em conciliar as árduas metas de trabalho com a vida pessoal. Depois de conversar com seu parceiro e avaliar os valores que eram mais importantes, decidiu mudar de rumo, desligou-se da empresa e iniciou uma carreira independente. Realizou várias formações, entre elas coaching, e passou a atuar como coach e consultora de Desenvolvimento Humano em segmentos de empresas nas quais tinha experiência.

Hoje, Priscila está há quase dois anos atuando dessa forma. Tem-se sentido muito bem nos processos que conduz, seja em relação a si mesma, seja em relação aos coachees (+/+). Um de seus contratantes é a empresa onde atuou, além de desenvolver outros projetos como consultora associada para empresas da área.

Recentemente, foi aprovada para ser coach do presidente de uma grande empresa multinacional no Brasil. Esse coaching deverá ser feito em inglês, língua que Priscila domina. Ao receber essa notícia, sua primeira reação foi de alegria, mas, logo em seguida, veio a preocupação. Surgiram-lhe pensamentos do tipo: "Que roupa usarei?"; "Como poderei ajudar o presidente de uma grande multinacional?", "Tenho que estudar e me preparar muito para assumir esse processo, pois as exigências serão enormes!".

Começou a povoar sua mente a posição Não OK/OK ou -/+. Alguns outros fatores inconscientes também estavam presentes, como sensações do tipo "Quem é você para assumir uma tarefa como esta?". Esse estado poderia levar Priscila a tentar ser quem não é nas sessões, além de mantê-la desconectada de seus recursos. Ela não seria o melhor que poderia ser, situação comum a pessoas que aceitam convites para irem da posição -/+.

Priscila decidiu fazer coaching no papel de coachee, de forma que pudesse lidar, de forma adequada, com situações como esta. Nesse processo, percebeu que o alto executivo, seu coachee, se, por um lado, era uma pessoa competente em seu cargo, por outro não era perfeito, havendo inúmeras possibilidades para ele se desenvolver ainda mais. Ela percebeu também que seu papel não seria dar respostas, mas ajudá-lo a encontrá-las, visto que ele determinaria os caminhos a seguir. Ela tinha as técnicas para realizar coaching. Chegou à conclusão de que tinha as competências para ser coach nesse processo e a prova disso era ter sido escolhida por profissionais competentes que conheciam muito bem esse assunto (posição OK/OK ou +/+).

O primeiro passo foi realizar uma entrevista de alinhamento com o contratante, para definir a meta do processo e, depois, firmá-la com o coachee. Márcia, responsável pela Divisão de Desenvolvimento Humano, participou dessa entrevista. Ela forneceu mais detalhes sobre o coachee, Paulo, presidente da unidade no Brasil, um profissional muito jovem, imaturo e ansioso. Essa ansiedade causava um impacto negativo nos seis diretores que se reportavam diretamente a ele e a origem dessa situação estava na vulnerabilidade emocional de Paulo. Márcia não citou nenhum outro detalhe íntimo, o que levou Priscila a lhe perguntar quais tinham sido as razões para que ele tivesse sido escolhido para o cargo. Como resposta, soube que Paulo conseguia se relacionar muito bem com os níveis hierárquicos superiores, sendo querido por eles. Priscila logo percebeu que a posição que Márcia tinha em relação a Paulo era "Eu estou OK/Você não está OK (+/-)".

Em um primeiro momento, tal situação a levou a uma posição "Eu estou OK/Você não está OK (+/-)" em relação à Márcia. Ao refletir sobre isso, percebeu que estava agindo de forma semelhante à Márcia, o que não a agradou, e decidiu agir diferente. Começou a considerar quais eram as oportunidades de desenvolvimento de Márcia, de forma que ela pudesse ter uma percepção mais ampliada da realidade que incluísse os potenciais de Paulo (posição "Eu estou OK/Você está OK +/+).

As possíveis posições são mais do que uma simples opinião sobre si mesmo ou os outros. Indicam como os outros e a própria pessoa são valorizados, o que influencia a postura do coach em todo o processo. São crenças sobre si mesmo e os outros que geram comportamentos, pensamentos e emoções.

Com base nas situações do dia a dia, uma interessante reflexão para os coaches é observar em que posição se encontram na maior parte do tempo. De acordo com essa percepção, deverão trabalhar de forma a energizar "Eu estou OK/Você está OK (+/+)".

> **ELA PERCEBEU TAMBÉM QUE SEU PAPEL NÃO SERIA DAR RESPOSTAS, MAS AJUDÁ-LO A ENCONTRÁ-LAS, VISTO QUE ELE DETERMINARIA OS CAMINHOS A SEGUIR. ELA TINHA AS TÉCNICAS PARA REALIZAR COACHING.**

Responda sinceramente:

QUAL É A SUA POSIÇÃO EXISTENCIAL PREDOMINANTE DURANTE AS SESSÕES QUE VOCÊ CONDUZ? COM QUE FREQUÊNCIA ELA PREDOMINA? EM QUE CIRCUNSTÂNCIAS VOCÊ SAI DELA?

Da mesma forma, tal ação se aplica aos líderes:

QUAL É A POSIÇÃO PREFERIDA DELES QUANDO ESTÃO EM CONTATO COM SUAS EQUIPES? E COM OS SEUS SUPERIORES HIERÁRQUICOS?

Avaliar tais questões reúne um ótimo material para o coaching.

AUSÊNCIA DE JULGAMENTO

Estar frequentemente na posição "Eu estou OK/Você está OK" leva o coach a um outro importante estado na missão de contribuir para o desenvolvimento de pessoas, que é a ausência de julgamento.

O ser humano, em um grupo – por exemplo, no ambiente de trabalho –, sente-se motivado a se abrir quando é aceito e respeitado. A percepção de que não será penalizado ao proferir uma opinião ou mesmo ao se mostrar torna-o ousado, criativo e o faz expandir seus limites, condições extremamente possibilitadoras no coaching. Um coach que julga o que o coachee diz ou faz, mais cedo ou mais tarde, demonstrará isso de algum modo. Ele não precisa utilizar a comunicação verbal para transmitir um julgamento. Nossas emoções são propagadas por nossas expressões, que são intuitivamente captadas por outras pessoas que percebem muito mais aquilo que transmitimos do que nós nos damos conta.

Já tive coachees em cargos de liderança que ao receberem o feedback de que eram muito agressivos com seus liderados contestaram tais observações, alegando que jamais aumentaram o tom de voz, foram ríspidos ou utilizaram palavras inadequadas. Por meio do coaching, conseguiram criar ambientes mais agradáveis nos quais as pessoas se sentiram mais à vontade para se manifestar e, com isso, ficaram sabendo que uma das razões pelas quais eram considerados agressivos eram suas expressões de raiva.

Tal ação também vale para os coaches. Se você condenar intimamente seu coachee pelo que ele lhe diz em uma sessão, mais cedo ou mais tarde ele perceberá sua atitude, o que comprometerá todo o processo. O coachee será mais cauteloso, manterá falsas aparências e tomará certos cuidados com os quais pode ter iniciado o processo, principalmente quando este tiver sido contratado por iniciativa da empresa.

Ao ouvir algo que não faz sentido para você, não julgar passa por sair da posição de "Como é possível alguém na posição dele, comandando tantas pessoas, acreditar nisso?"; "Como é possível alguém na posição dele, comandando tantas pessoas, ter feito isso?"; "Quando será que ele mudará?"; "Acho que cobrei pouco aqui, pois esse processo dará muito trabalho", para, com interesse, pensar: "O que o leva a acreditar nisso? O melhor é perguntar para ele".

Essa mudança ocorre quando você consegue respeitar a forma de perceber o mundo do outro e se colocar no lugar dele, permanecendo disponível. Trata-se do estado de curiosidade que mencionei anteriormente, o que não significa que você concorde com ele. Tampouco me refiro aqui a algo que fira seus valores fundamentais, o que seria um caso extremo. Mas quantas atitudes ou opiniões são proferidas em uma sessão de coaching que não envolvem nada ilegal nem imoral e mesmo assim temos uma voz interna que nos convida a condená-las? O coach também é convidado a sair de seu centro, seu estado de recursos nesses momentos.

Preste atenção em si mesmo como coach, pois, muitas vezes, julgamentos passam despercebidos porque, com frequência, não são evidentes – julgamentos podem ser muito sutis – e nem sempre o coach está atento ou tem a postura do não julgamento incorporada.

> **Qual é sua opinião sobre você nesse sentido?**
>
> **Percebe-se julgando os outros ou a si mesmo?**
>
> **Com que frequência?**
>
> Responda a essas perguntas antes de ler o próximo parágrafo

Esse exercício de praticar a percepção e julgar menos tem-se mostrado transformador para muitas pessoas que o adotam, de acordo com os trabalhos que desenvolvo na Iluminatta.

Quais foram suas respostas às perguntas do parágrafo anterior? Esse exercício de autopercepção continuará agora com uma prática. Que tal nos próximos sete dias você não reclamar de nada nem de ninguém? Nem que seja para si mesmo. Caso perceba que está reclamando de algo para outra pessoa ou para si mesmo, anote o que falou ou pensou e qual o julgamento que havia por trás da reclamação. Não concordar com algo não é necessariamente reclamar. Porém, considerar que o outro é menos do que você ou é "não OK", isso, sim, é uma crítica. Como seriam esses sete dias para você?

CASOS DE *coaching*

O CASO DA MARTHA E ALGUMAS SITUAÇÕES REAIS DE PROCESSOS DE COACHING MOSTRAM OS JULGAMENTOS NA PRÁTICA. SERÁ QUE VOCÊ IDENTIFICA ESSE EXEMPLO COM SITUAÇÕES RELACIONADAS COM LÍDERES CONHECIDOS SEUS OU COM VOCÊ MESMO?

Martha é gerente de vendas de uma distribuidora de materiais elétricos. A empresa em que trabalha possui uma área comercial com uma equipe de vendas por telefone e outra com representantes externos que visitam os clientes (revendas). Ela está nesse cargo há aproximadamente quatro meses, depois de um período como líder dos representantes, tendo obtido resultados significativos com o crescimento não apenas do número de clientes, mas também do faturamento e da margem percentual. Quando era líder, viajava muito e visitava diversos clientes com os quais fechou vários contratos. O departamento passou a depender dos resultados que ela gerava nessas viagens.

Quando foi promovida a gerente de vendas, outros funcionários mais antigos foram preteridos e passaram a desafiá-la, provocando as mais diversas situações. Eles acreditavam que deveriam ocupar o cargo atual dela. Não terem sido promovidos à gerência foi uma grande injustiça, falta de reconhecimento dos bons serviços prestados e dedicação de tantos anos. A postura deles tem sido desafiadora ao não seguirem instruções de Martha, além de fazerem, constantemente, comentários negativos, tanto em relação ao desempenho dela quanto às suas características pessoais em momentos e locais em que ela não se encontra presente.

Por outro lado, há vendedores que se sentem satisfeitos com a promoção de Martha. Eles constataram que um deles – uma vendedora – foi promovido, portanto, suas reivindicações, a partir de agora, serão ouvidas e atendidas. Tal ascensão gerou grandes expectativas para a categoria.

Ao mesmo tempo Eugênio, funcionário há mais de 15 anos da empresa, atualmente diretor comercial da divisão onde Martha atua, não está satisfeito com o desempenho dela como gerente de vendas e decidiu contratar coaching para mudar essa situação. Ele está um pouco decepcionado, pois, em razão dos resultados de vendas anteriores, acreditava que Martha se sairia muito bem na nova função. Percebeu que ela deveria desenvolver a capacidade de análise para as várias demandas dos clientes e da própria equipe comercial. Eugênio acredita que ela se deixa levar facilmente pelas reclamações dos vendedores e também pelos pedidos de melhores condições dos clientes, sem avaliar com isenção o que lhe é solicitado. Dessa forma, acabam chegando a ele solicitações ou argumentações que caberiam a ela resolver de forma mais eficiente.

> **MARTHA DESTACOU OS PROBLEMAS QUE ESTAVA ENFRENTANDO E COMO EUGÊNIO ERA ALGUÉM COM UMA VISÃO LIMITADA, TRAZENDO-LHE UMA SÉRIE DE DESAFIOS**

Já a equipe o considera uma pessoa difícil de lidar, muito exigente e focada em resultados e não em pessoas. Parte dessa percepção vem do fato de que ele normalmente não espera as pessoas acabarem de falar, interrompendo-as frequentemente. Esse comportamento foi percebido pelo coach durante a entrevista inicial com ele.

Na sessão inicial com o coach, Martha mencionou o que sentia em relação à empresa. Destacou os problemas que estava enfrentando e como Eugênio era alguém com uma visão limitada, trazendo-lhe uma série de desafios e criando limites significativos para o cargo dela. Ao final, solicitou que nada do que havia dito fosse informado a Eugênio, pois preferia, posteriormente, esclarecer tudo em um momento mais oportuno.

Como você analisa a situação anterior? Quais são suas conclusões como coach de um processo como este? E das pessoas envolvidas? Pense nesse exemplo com calma antes de seguir para o próximo parágrafo.

O que são considerações possibilitadoras e julgamentos de um coach nesse processo dentre as afirmações a seguir?

- *Martha não está preparada para a função.*

- *Eugênio não está dando a Martha o apoio necessário para que ela gere os resultados desejados.*

- *É possível ajudar Martha e Eugênio a ampliarem suas percepções para atingirem os resultados desejados.*

- *Martha é uma pessoa insegura em relação a seu superior hierárquico.*

- *Martha está fazendo o melhor que pode com os recursos que tem.*

- *Eugênio deveria ter mais equilíbrio entre obter resultados e desenvolver pessoas.*

- *Martha não deveria ter me pedido para não contar a Eugênio que tinha realizado a sessão inicial.*

- *Os resultados obtidos até aqui pelos envolvidos não são os desejados.*

- *Todas as pessoas envolvidas têm potencial para se desenvolverem na situação atual.*

- *Fará diferença no processo se os envolvidos encontrarem uma intenção positiva para seus comportamentos.*

- *Eugênio está perdendo a paciência com Martha.*

- *Como coach, não tenho respostas para as questões apresentadas, mas posso ajudar minha coachee a encontrá-las.*

Assinale os itens que considerar melhores respostas. Agora, continue a leitura e compare com o que você respondeu.

Todas as frases que se iniciam com os nomes de Martha e Eugênio são o que chamamos de julgamentos limitantes em um processo de coaching. Quando o coach tem esses pensamentos, em algum momento envia sinais de forma que a outra pessoa com quem está se relacionando (coachee, gestor, entre outros) percebe isso, sendo um convite para que se retraia.

A conexão com o coachee é algo diretamente relacionado ao nível de confiança que ele tem no coach. É como uma conta corrente no banco. Haverá ações, pensamentos e até emoções do coach que contribuirão para aumentar essa confiança. Trata-se das frases que não se iniciam com os nomes de Martha nem de Eugênio. São como depósitos nessa conta corrente que fazem o saldo aumentar. Da mesma forma, haverá os que diminuirão a confiança. São como saques. Mantenha sua conta corrente com um saldo elevado. Invista nisso!

Você, líder, consegue estar isento de julgamentos nos momentos em que se dedica a desenvolver seus liderados?

INTERESSE GENUÍNO

Coaches têm interesse genuíno por seus coachees. Esse é o outro ponto que incrementa a conexão. Quando o coachee percebe que o que diz é considerado importante pelo coach, sendo utilizado no processo, a confiança aumenta significativamente. Quando há confiança, o coachee se abre muito mais, elevando significativamente as possibilidades de sucesso. Tal ação inclui o fato de ser possível aprender com os coachees.

Timothy Gallwey, autor de O jogo interior de tênis, em passagem pelo Brasil, em uma noite de autógrafos em São Paulo, ao conversar com alguns coaches, disse que coachees são uma grande oportunidade de aprendizado a ser aproveitada. Esse conceito é muito interessante, principalmente para os coaches que acreditam que têm muito a ensinar aos coachees. Após esse relato, repassei alguns dos processos em que atuei como coach e percebi o quanto evolui com os aprendizados e conhecimentos transmitidos por meus coachees.

Esteja atento à conexão com seu coachee durante as sessões.

O que sente?

Acredita nele?

Pensa que ele é plenamente capaz de atingir os resultados desejados no prazo estabelecido?

Está conseguindo conduzir esse processo como coach?

Que palavras você associa a cada um dos processos que conduz?

O quanto interfere nos caminhos que o coachee percorre?

O quanto o deixa descobrir os caminhos e também aprende com ele?

Se tivesse que escolher quatro adjetivos que melhor definam seu coachee, quais escolheria?

São adjetivos relacionados a alguém que conquistará os objetivos propostos?

Ou são exatamente o oposto?

Que crenças você precisa mudar?

O que precisa trabalhar em si mesmo para ser um coach com interesse genuíno em seu coachee?

Latência

Como coach, você fará várias perguntas. Aquelas que fazem os coachees refletir e levam-nos a novas percepções são chamadas de perguntas poderosas. Você faz a pergunta e percebe que houve uma mudança na expressão de quem a ouviu. Uma emoção é gerada. O coachee começa a pensar ou permanece em silêncio, em contato com a emoção. Alguns falam algo como "Nunca pensei nisto" ou "Boa pergunta!" e voltam a ficar em silêncio.

Tais reações são bem características a perguntas poderosas. Para ser um coach competente, você precisa ser capaz de fazer esse tipo de pergunta. Quanto melhor for a conexão com seu coachee, mais perguntas poderosas você fará.

Chamamos de latência os momentos em que o coachee está pensando e não falando. Tal situação pode ocorrer logo após uma pergunta feita pelo coach ou depois de ter acabado de falar. Esses momentos de silêncio reflexivos são a razão pela qual o coach faz a pergunta. Coaching se relaciona ao aumento de percepções, em grande parte, vindo de pensamentos provocados pelas perguntas do coach.

Se, nesses momentos, você fizer uma nova pergunta ou algum comentário, haverá uma interrupção no rico processo de elaboração de novas ideias, pensamentos ou emoções, principal motivo pelo qual a pergunta poderosa foi feita. Muitas vezes, além do grande prejuízo, haverá perda da conexão com o coachee. Preste atenção se você estiver agindo dessa forma. Pratique o silêncio nesses momentos. Ele é a pergunta mais poderosa que você poderá fazer e contribui significativamente para a qualidade de conexão entre vocês. Volte a falar somente após o final do processo mental do coachee. Para isso, você terá que adquirir a capacidade de perceber quando tal situação acontece, como quando os olhos do coachee param de se movimentar e ele volta a se conectar verdadeiramente com você.

NÍVEIS DE ATENÇÃO

Você já ouviu que um dos maiores presentes que você pode dar a alguém é seu tempo? Essa ideia é interessante. Porém, não basta só isso, mas sim a qualidade com que o dedica a alguém. Tal característica é fundamental no coaching.

Ter alguém que presta atenção ao que falamos, ao que transmitimos e ao que é importante para nós é algo que nos alimenta emocionalmente. Buscamos sempre isso. Quando o coachee percebe essa atenção do coach, a conexão é ampliada.

Há dois importantes aspectos na comunicação aos quais o coach deve estar atento:

- *Comunicação verbal.*
- *Comunicação não verbal.*

A comunicação verbal é composta de palavras. É o que é dito. As palavras podem nos dizer muito. Analisaremos esse aspecto com mais profundidade quando tratarmos de crenças. De qualquer forma, esteja atento ao que seus coachees dizem. Frases como "Tenho que ser mais eficiente" ou "Tentarei ser o melhor líder da empresa", apenas para citar duas, podem transmitir muitas informações. Alguém que "tem que..." não necessariamente deseja algo, mas encara esse fato como obrigação. Da mesma forma, quem "tenta" já está se preparando para não obter o resultado desejado, seja porque, entre outros motivos, não acredita ser possível ou pensa não ser capaz para realizar tal feito.

Quão atento você está à comunicação verbal em uma sessão ou quando em contato com os outros? Para esse tipo de atenção, há quatro níveis relacionados à qualidade de como o coach presta atenção ao outro:

Não há novidades

Este nível ocorre quando o coach acredita saber tudo o que o coachee falará. Ao ouvir, está simplesmente aguardando, por educação, o que já sabe que será dito, desconcentrando-se do diálogo. A sensação é de confirmação de crenças preexistentes. Se o coachee disser algo diferente, tal assunto não será percebido nem contestado. Em vez disso, o coach fará perguntas manipulativas que conduzirão a uma resposta desejada ou falará das próprias experiências, uma vez que mantém a referência da conversa a partir de si mesmo. A ampliação de percepções do coachee permanecerá limitada.

Hum, há coisas diferentes aqui

Neste nível, o coach percebe que não conhece nem domina tudo. Há informações diferentes e relevantes para o processo que está sendo conduzido. Passa a centrar menos em si mesmo e começa a se dirigir para o outro, tornando-se mais receptivo a conhecer novos fatos. As perguntas que o coach faz contribuirão para que o coachee amplie as percepções segundo o que está ouvindo. Nesse momento, o coach passa a se preocupar com a técnica, com as perguntas a serem feitas ou com o que deve ser realizado após o coachee se manifestar. Com isso, ocorre uma alternância entre o diálogo interno do coach e o que ele ouve do outro. O julgamento ainda permanece presente, assim como a intenção de ajudar o outro a mudar o que não está bom.

Eu percebo você

Este nível está muito relacionado ao ouvir empático, pois o coach está ciente do que o coachee sente ou como se percebe e percebe o mundo. Há um estado de aceitação, o que não significa concordância. A posição existencial é "Eu estou ok/você está ok". A atenção está mais centrada no coachee e a preocupação com a técnica diminui, sendo naturalmente aplicada pela competência inconsciente, ou seja, aquela que utiliza inconscientemente o conhecimento, uma vez que este foi incorporado pela prática. Nesse estado, o mundo manifesta-se através do olhar do outro e o coach não interfere nessa trajetória. Ele deve estar com a capacidade ampliada de conexão com o outro e o nível de julgamento estará muito reduzido.

Estou em conexão e presença profundas

Neste nível, ocorrem as transformações mais profundas. O que mais acontece é a conexão com o coachee, que precisa ser receptivo a esse contexto. O coach inspira as palavras que o coachee fala e o convida a agir da mesma forma. O ritmo é bem mais lento e o que é dito é sentido, vem de dentro, em uma comunicação menos verbal e mais profunda. É comum um observador externo perceber que coach e coachee respiram juntos sem perceber. Não se trata de um processo mecânico calculado, pois o foco não é a técnica, mas sim a conexão. É comum o coachee se tornar mais reflexivo. O processo é generativo, ou seja, permite gerar algo que não existia antes ou não era percebido, o que se relaciona a coaching. Após uma sessão nesse nível, inúmeros líderes relataram ter se sentido muito melhor e ter tido uma ótima noite de sono como não tinham havia anos. Tais depoimentos também vêm de alunos nas nossas formações de coaching quando chegamos a esse estágio.

Os níveis que proporcionam os melhores processos de coaching são os dois últimos.

A comunicação não verbal ocorre por meio de movimentos do corpo, dos olhos, da testa, boca, apenas para citar alguns e da mudança na frequência da respiração ou na cor da pele, que se torna mais vermelha. É tão importante que alguns clientes, surpresos, disseram ter percebido que o coachee havia mudado até a forma de andar, tendo tal aspecto sido compreendido como uma significativa evolução.

Enquanto a comunicação verbal, ou seja, o que é dito, é intensamente influenciada por mecanismos de defesa, que, no cenário profissional, são mais nítidos ainda, a linguagem corporal é muito mais transparente. Quando estiver conversando com alguém, lembre-se de que a comunicação verbal não está necessariamente relacionada com a verdade, mas sim com a lógica. Há muitas pessoas que não são mentirosas, mas possuem mecanismos inconscientes que as impedem de estar em contato com a realidade. Você deve estar preparado para ajudar seus coachees a lidarem com tais aspectos.

O QUE VOCÊ FAZ *grita* tão alto QUE NÃO ESCUTO O QUE VOCÊ FALA!

Muitas vezes, o que fazemos são expressões corporais. Durante vários anos, Paul Ekman desenvolveu pesquisas com pessoas de locais diferentes e relacionou emoções que geram, obrigatoriamente, expressões universais que duram até um quinto de segundo. Tais expressões são percebidas por quem as faz somente depois de se manifestaram, portanto é impossível suprimi-las antes disso. São válidas para surpresa, raiva, medo, desprezo, nojo, alegria e tristeza. Alguns trabalhos identificam outras que igualmente geram respostas físicas inevitáveis por um breve momento.

Quando estamos atentos à expressão corporal das pessoas com quem interagimos, podemos ouvir um "sim", mas percebemos quando se trata de um "não". Nesse caso, a leitura mais conectada à realidade não é a das palavras pronunciadas. Tom, velocidade de voz e expressão corporal são muito mais reveladores. Muitas vezes, o coachee diz, sem perceber, no que gostaria de acreditar e não no que realmente acredita. Se houver incongruência entre as duas linguagens, ajude-o a descobrir se há alguma crença limitante por trás disso.

O que você concluiria se recebesse um e-mail afirmando:

EU NÃO DISSE QUE VOCÊ ROUBOU O DINHEIRO.

[
VOCÊ BAIXOU O APLICATIVO DESTE LIVRO? É HORA DE APROVEITÁ-LO!

O título do áudio desta parte é
"EU NÃO DISSE QUE VOCÊ ROUBOU O DINHEIRO".
Sua resposta muda após ouvir cada uma das frases?
]

2
A CONEXÃO ENTRE COACH E COACHEE

DESENVOLVIMENTO DO COACH

DESENVOLVIMENTO TÉCNICO

Ser um coach competente representa estar em permanente desenvolvimento técnico e pessoal. Em relação à parte técnica, significa conhecer e dominar mais de uma área. Ao retornar de Lisboa a São Paulo, depois de realizar um curso de formação em Portugal, a bordo do avião li uma revista que continha uma entrevista com José Mourinho, português muito famoso por sua competência e conquistas como técnico de futebol. Em um dos trechos, ele relatou um fato quando ainda era estudante universitário na década de 1980. Em uma aula inicial de filosofia, ele disse ao professor que pretendia ser treinador de futebol e, em seguida, perguntou: "Como esta matéria poderá me ajudar?". O professor lhe respondeu: "Se deseja trabalhar com futebol, deverá saber muito mais do que futebol".

Essa situação também se aplica ao coaching. À estrutura do coaching é possível agregar várias outras técnicas e muito é exigido do coach ao longo de todo o processo. Desenvolvimento técnico para coach significa também estar em constante aprendizado. Se você deseja ser um coach competente, deverá estar em constante evolução. No caso do desenvolvimento técnico, tal conhecimento inclui teoria e prática.

Após passar pela formação em coaching, independentemente se as aulas práticas duraram 50, 100 ou 5 mil horas, ninguém se torna um profissional completo na área. Mesmo após intensivo atendimento como coach, nossa realidade está em permanente evolução e mudanças, o que exige que o coach também mude e evolua. Além disso, esse desenvolvimento não se encerra com o conhecimento, tendo de se refletir no que fazemos como coaches, em como transformamos essa competência, que é o conhecimento, em ações e pensamentos que conquistem os resultados desejados. Devemos nos manter sempre atualizados.

DESENVOLVIMENTO PESSOAL

Em relação a esse aspecto, é fundamental definir que tipo de coach você deseja ser. Aquele que ajuda os outros a obterem resultados com comportamentos e ações mais eficazes? Trata-se, sem dúvida, de um processo válido. Para isso, seu desenvolvimento técnico será bastante importante. Ou deseja ser um coach que contribui para a transformação pessoal dos coachees com os quais trabalha? Nesse caso, além do desenvolvimento técnico, o desenvolvimento pessoal fará total diferença.

Coaching é uma atividade em que um ser humano poderá entrar em contato com questões bastante sensíveis para si. Nesse contexto, o coach deve sempre se lembrar de que também é humano e que desenvolvimento pessoal é uma necessidade própria também. Somente assim será estabelecida uma conexão altamente valorosa e eficiente. Nesse nível de transformação, se coaching está muito relacionado ao desenvolvimento pessoal do coachee, como o coach poderá ajudá-lo se tal ação não significar algo válido para si? Ou se ele perde o seu centro a partir de questões que surgem nos processos com seus clientes?

No coaching, desenvolvimento pessoal está relacionado com estarmos conectados ao nosso melhor, mesmo quando o ambiente externo parece nos desafiar. Mesmo que nos defrontemos com obstáculos que possam limitar nossas ações, nunca será tarde trilharmos o caminho que nos torne um ser humano mais desenvolvido.

Desenvolvimento pessoal ajuda as pessoas a se perceberem melhor. Normalmente, mesmo quando nossos comportamentos não correspondem a ações ideais, vemos uma imagem perfeita de nós mesmos. Os processos de desenvolvimento nos ajudarão a nos percebermos mais próximos de quem realmente somos ou do nível de desenvolvimento pessoal que estamos.

Tanto na cultura ocidental quanto na oriental, há várias teorias sobre essa jornada de desenvolvimento, cada uma delas incluindo caminhos que nos levam a estar no nosso estado interno mais equilibrado. Estar no nosso melhor estado consiste em ter uma vida equilibrada e também contar com a ajuda de outros profissionais.

Considere também que os níveis de desenvolvimento não são fixos. Em um determinado contexto ou fase da vida, podemos estar em um nível elevado, enquanto, em outro momento, ir para um nível intermediário ou mesmo básico em cada um dos tópicos apresentados a seguir. Tudo dependerá do ambiente ou do nível de estresse existente.

Alguns tópicos relacionados com os níveis do desenvolvimento pessoal (básico, intermediário e elevado) são apresentados a seguir.

Da preocupação somente consigo para a preocupação com o todo

Em um nível de desenvolvimento básico, nossa preocupação recai somente em nós mesmos. Nossos valores e crenças são construídos e se baseiam apenas nessa referência. Por exemplo, quando alguém chega cedo, em uma manhã chuvosa, ao estacionamento da empresa ainda vazio e decide parar próximo da entrada, mesmo tendo um guarda-chuva, está pensando apenas em si mesmo.

Em um nível de desenvolvimento intermediário, nossa preocupação já se ampliou e, então, nos centramos em nós mesmos e também nas pessoas próximas a nós (família, melhores amigos, colegas de trabalho com quem nos damos bem, entre outros). Na mesma manhã chuvosa, alguém nesse nível, se estiver com um guarda-chuva, estacionará o carro em uma vaga mais distante, de forma que quem chegar mais tarde, em cima da hora e sem guarda-chuva, não se molhará tanto, pois as vagas mais próximas estarão disponíveis. É como se o contexto da palavra eu tivesse mudado e se tornasse mais amplo. Os que estão próximos a mim e são queridos merecem a mesma preocupação e atenção que dedico a mim mesmo.

Em um nível de desenvolvimento elevado, nossa consideração está totalmente ampliada, incluindo a sociedade e o planeta. O conceito de eu se expande e passa a ser o todo, e não apenas o indivíduo. Aqui, consideramos qual meio de transporte é o menos poluente para o planeta e o utilizamos para irmos ao trabalho.

Ações de desenvolvimento:

- *Pense em uma ação que leve em consideração apenas o outro, seja em que nível ele estiver (pessoa próxima a você ou a coletividade). Seu ganho será o ganho do outro. Depois, escolha outra para ser a ação seguinte. Ao seguir seu ritmo, à medida que se sentir confortável, escolha ações que envolvam pessoas cada vez mais distantes. Com o tempo, elas parecerão estar muito próximas a você.*

- *Se tem dificuldade em dizer não para os outros, então considere o contrário e faça algo pensando em si mesmo. Torne sua vida equilibrada, de forma que nem você nem os demais sejam excluídos. Considere aqueles cenários em que ao dizer não você estará também contribuindo para o desenvolvimento de terceiros. Quando fizer algo para os outros, não crie nenhuma expectativa de reconhecimento por sua ação.*

De responsabilizar os outros pelos resultados obtidos para assumir total responsabilidade pelo que ocorre na minha vida

Em um nível de desenvolvimento básico, responsabilizamos os outros pelos resultados que obtemos. Somos extremamente criativos ao idealizarmos os outros (um concorrente, um colega de trabalho, o superior hierárquico, acionistas, políticos, só para citar alguns exemplos), conferindo-lhes um poder incrível. Com isso, deixamos de olhar para nós mesmos e de agir para mudar uma situação indesejada. Dessa forma, nunca somos responsáveis pelo que nos acontece.

Recordo-me de quando fui convidado a realizar um treinamento de um dia com um grupo de líderes de uma filial brasileira pertencente a uma multinacional alemã. Havia algum tempo, a área pela qual esses líderes eram responsáveis vinha apresentando desempenho abaixo do desejado pela empresa. Nesse workshop, relacionamos todos os fatores que a equipe considerava relevantes para atingir as metas estipuladas e o que estava limitando, de alguma forma, esse desempenho.

Em seguida, listamos os cinco principais fatores e desenhamos três colunas. A primeira descrevia cada um desses itens. A segunda mencionava se a solução para a questão envolvendo cada item dependia da equipe que estava no programa. A terceira avaliava se a solução dependia de terceiros. Todos os itens da terceira coluna foram marcados, enquanto apenas um da segunda coluna foi destacado, ou seja, a equipe considerava que a solução de quatro de seus fatores principais de sucesso dependia de terceiros, enquanto apenas um poderia ser solucionado por ela e terceiros. A equipe não assumiu integralmente a responsabilidade por solucionar nenhuma das questões apresentadas.

Perceba que utilizo a palavra responsabilidade, e não culpa. Outro aspecto que igualmente chamou a atenção foi a energia despendida para falar da responsabilidade dos outros. Quando estamos no papel de vítima, a energia é alta ao responsabilizarmos terceiros pelos resultados que obtemos. As pessoas desse grupo falavam alto e de forma contundente ao se referirem ao que os outros faziam de errado. Contudo, quando analisamos a nossa responsabilidade, mesmo que, verbalmente, digamos que somos responsáveis, é muito comum nos expressarmos com menos ênfase e em um tom mais baixo. Foi o que aconteceu com esse grupo.

No nível básico, nossa percepção muda quando falamos de nós mesmos e quando nos referimos aos outros. Por exemplo, imagine que alguém está em uma sala de reunião com um flipchart. Ao se movimentar na sala, tropeça nesse objeto. Se estivermos no lugar dessa pessoa, pensaremos: "Como ela é desatenta". Contudo, se tropeçamos no quadro, pensaremos: "Quem tirou este flipchart do lugar!?" Lembre-se de que nossa energia se dirige para onde nossa atenção está.

Em um nível de desenvolvimento intermediário, percebemos a possibilidade de não sermos culpados por algo, mas a solução em resolver tal situação está sob nossa responsabilidade. Acreditamos também que dificilmente haverá situações em que uma pessoa ou departamento seja o culpado, mas operamos em um sistema no qual as ações de um influenciam o todo. Dessa forma, há uma preocupação relativa ao quanto cada pessoa, inclusive nós mesmos, contribui para essa situação. Nossa energia agora flui entre a culpa dos outros e o que faremos para resolver essa situação. Alternamos entre o papel de vítima e o de protagonista.

Ao perceber o quanto estava dedicando atenção aos outros, dando poder a terceiros, o grupo da empresa alemã que mencionei começou a mudar de percepção, elegeu, entre os tópicos listados, qual melhoraria o cotidiano de trabalho e montou um plano de ação.

Em um nível de desenvolvimento elevado, percebemos que nossos objetivos são alcançados somente se desempenhamos o papel de protagonistas. Nossa atenção e energia concentram-se no que faremos em relação à situação que se apresenta. Passamos a focar em ser felizes e não em querer ter razão. Assumimos o comando do que será feito para chegar aonde queremos.

Ações de desenvolvimento:

• *Escolha uma situação em que não obtém os resultados desejados e que deseja mudar. Liste qual é o seu objetivo nessa situação. Em seguida o que você faz para obter o resultado desejado (mesmo não conseguindo o que você deseja), onde está seu foco de atenção para saber se está indo bem ou não com esse empreendimento e a reação que você tem quando percebe que não conseguiu o que queria.*

Escolha agora uma situação na qual você obtém o resultado desejado. Ela não precisa ter qualquer relação com a anterior. Você pode escolher para a primeira a gestão financeira da sua vida pessoal e para a segunda fazer um bolo de chocolate. É apenas necessário que na primeira você não esteja satisfeito com os resultados obtidos enquanto que na segunda você obtenha o que deseja. Liste os quatro aspectos (objetivo, ações para obter o que deseja, foco de atenção e reação) agora dessa segunda situação. Compare com a lista que você escreveu sobre a situação em que você não obteve o resultado desejado e defina o que você mudará daqui em diante considerando o que te leva aos resultados desejados. Considere, sempre, que você é o responsável pelos resultados que obtém.

Usando o exemplo da gestão financeira pessoal e do bolo de chocolate as conclusões podem ter sido as seguintes para a gestão financeira:

• **Objetivo:** não ser pobre ao final da vida

• **Ações:** separar no início do mês um valor dos meus rendimentos para aplicar (o que nem sempre acontece pois acabo usando essa reservar ao longo do mês)

• **Foco de atenção:** oportunidades de boas compras ao longo do mês que acabo fazendo (aproveito promoções)

• **Reação quando o resultado desejado não é obtido:** fico triste por não conseguir o que eu me propus.

Enquanto que para o bolo de chocolate:

- **Objetivo:** *proporcionar prazer para mim e para os outros*

- **Ações:** *sigo, com alegria, uma receita que sei que funciona*

- **Foco de atenção:** *se os passos necessários estão sendo seguidos*

- **Reação quando o resultado desejado não é obtido:** *considero analisar o que ocorreu e mudar o que for necessário*

Ao comparar as duas situações é possível decidir quando da gestão financeira ter como objetivo não ser pobre ao final da vida e proporcionar prazer para os envolvidos, separar no início do mês um valor dos rendimentos e seguir com alegria um roteiro que funciona, ter atenção nas oportunidades de boas compras e ao mesmo tempo perceber se os passos necessários para o resultado desejado estão sendo seguidos e, finalmente considerar o que ocorreu e mudar o que for necessário ao invés de ficar triste quando o resultado desejado não for obtido. Ao aplicar esse exercício por várias vezes pude perceber como a estratégia que uma pessoa segue para os contextos onde ela obtém os resultados desejados é diferente da estratégia seguida pela mesma pessoa quando ela não os obtém. Os que fazem essa prática ficam admirados de como tudo se torna tão claro e como, muitas vezes, a solução é simples.

> *• Nos próximos sete dias, permaneça sem reclamar de ninguém, nem para si mesmo. Aproveite para prestar atenção às pessoas próximas de você. Elas costumam reclamar muito? O que você fará para não reclamar com elas? Coloque essas decisões em prática.*

Da negação para a percepção e controle dos próprios comportamentos, emoções e pensamentos

Neste livro, diversas vezes menciono que coaching se relaciona à ampliação de percepções. Descrevo como percebemos apenas uma pequena parte de tudo que nos cerca. Nossa percepção limitada não se relaciona apenas ao mundo exterior, mas também a nós mesmos. Não nos damos conta de vários de nossos comportamentos, pensamentos ou emoções.

No nível de desenvolvimento básico, não só não percebemos muitas características nossas, mas também discordamos totalmente dos feedbacks recebidos e que diferem de nossas percepções. Nesse nível, não somos receptivos a outras opiniões.

CASOS DE *coaching*

QUER SABER QUAL FOI O MAIOR EXEMPLO DE FALTA DE PERCEPÇÃO DOS PRÓPRIOS COMPORTAMENTOS E EMOÇÕES QUE PRESENCIEI NA MINHA VIDA? ENTÃO LEIA O CASO DO MÁRIO. PARA MIM FOI UM VERDADEIRO "PONTO FORA DA CURVA" NA MINHA VIDA COMO COACH.

Mário era gerente regional de vendas de uma empresa multinacional da área de cosméticos e, após uma etapa de sucesso em seu estado natal, foi transferido para São Paulo. Essa mudança veio atrelada a uma promoção. Em São Paulo, porém, a equipe que ele passou a liderar não atingia as metas preestabelecidas. Por ter personalidade forte e acreditar que estava cercado de adversários, passou a reagir às situações com agressividade, principalmente perante sua equipe que rendia cada vez menos e apresentava uma rotatividade cada vez maior.

Preocupada com essa situação, Patrícia, diretoria comercial e líder de Mário, me chamou para desenvolver um processo de coaching com ele. Realizou-se uma avaliação da situação em que Mário se encontrava e dos pontos de desenvolvimento necessários para que atingisse o que se esperava dele. Tal análise se refletia em diversos aspectos, mas a meta principal do coaching era comportamental. Na reunião com Patrícia e o responsável pelo Departamento de Desenvolvimento Humano da empresa, foram relatados vários comportamentos inadequados dele.

Mário era extremamente agressivo com os colegas e subordinados. Em alguns momentos, tinha-se a impressão de que ele se tornaria violento caso alguém o contrariasse. Além disso, segundo os contratantes, Mário constantemente se colocava no papel de vítima, culpando Patrícia por persegui-lo. No momento em que o processo se iniciou, a diretora tinha acabado de ser transferida para outra unidade. Quem recentemente assumira seu posto era Sueli, que, por desempenhar havia pouco tempo a nova função, não poderia dar nenhum parecer. Ela deixou que o processo fosse conduzido de acordo com as percepções de Patrícia.

Na primeira sessão com Mário, ele concordou em manter um comportamento equilibrado e em receber feedbacks. Um ponto muito importante nos processos de coaching que conduzo é que o feedback referente à distância entre onde o coachee está e onde a empresa deseja que ele esteja deve ser transmitido ao coachee, independentemente do coaching. Ao mesmo tempo, Mário negou com veemência todas as críticas relacionadas a seu modo de agir. Quando foi questionado sobre por que havia tantas reclamações em relação a seu comportamento, sem titubear manifestou que Patrícia, por razões políticas, tentava prejudicá-lo.

Ele se considerava muito transparente e manifestava abertamente seus pensamentos. Manifestou que ser falso e estrategista não eram características suas. Mário afirmou que seu relacionamento com o primeiro gerente, em seu estado natal, era excelente, o que demonstrava que ele não era uma pessoa belicosa, mas sim uma vítima de perseguição política.

Durante o processo, perguntei-lhe se, em algum momento, havia percebido que suas ações tinham causado um impacto significativo em alguns de seus pares ou subordinados e ele respondeu que, em uma ocasião, uma de suas vendedoras saiu chorando da sala, após um feedback que ele havia lhe dado. Em alguns momentos, uma pergunta extremamente poderosa é o silêncio. Naquele instante, adotei-o e Mário continuou falando: "Se não puder ser sincero, será muito difícil trabalhar em uma empresa com pessoas melindrosas". Continuei a reunião como se nada tivesse acontecido e acredito que essa foi uma boa mensagem aos que permaneceram na sala.

Na época do coaching, houve uma avaliação geral das pessoas que não estavam diretamente relacionadas ao processo. Todas confirmaram que Mário tinha um temperamento muito difícil e recebia os feedbacks com muita dificuldade. Para ele, ao saber disso, Patrícia tinha sido muito eficiente em convencer os demais sobre suas qualidades negativas. Até o presidente da empresa ela tinha conseguido manipular, visto que ambos partilhavam a mesma opinião.

Depois de aproximadamente 45 dias, solicitei uma reunião com Sueli, a nova diretora comercial, para saber, então, qual era a percepção dela após interagir com Mário. Ela concordou integralmente com a opinião das demais pessoas. Pedi-lhe, então, que transmitisse esse parecer a Mário. Na sessão seguinte, perguntei a ele como tinha sido a conversa com Sueli e ele respondeu-me: "Mais uma pessoa que Patrícia manipulou. Percebo que minha situação está ficando insustentável. Uma vez que o presidente também compartilha essa opinião, ninguém o contrariará, mesmo sabendo da injustiça que está sendo cometida aqui. Aprendi que não ganho nada ouvindo a opinião dos outros".

Em momento algum, o trabalho de coaching foi convencer Mário do quão errado ele estava e que deveria mudar de opinião. Contudo, até que ponto alguém pode se recusar a acessar a percepção dos outros e ficar totalmente imerso à própria percepção, por mais que isso possa ser prejudicial para si mesmo e os demais? Ficar restrito apenas à própria opinião é não dar oportunidade ao nosso mapa do mundo de se ampliar e enriquecer.

Posteriormente, tentei ampliar as percepções de Mário em relação às consequências de não levar a opinião dos outros em consideração, mesmo aquelas com as quais não concordava, em um ambiente corporativo, e como podem fazer diferença nos resultados gerados para o negócio. Mário começou a citar exemplos de conduta de pessoas que ele admirava na empresa e elencou vários itens que faziam a diferença para a liderança. Decidiu receber feedback dessas pessoas. Escolheu uma delas para ser seu mentor. Pouco a pouco se abriu para fazer um programa de autoconhecimento baseado no eneagrama. Tempos depois, ao encontrá-lo em um evento, ele comentou comigo como havia mudado e passara a ter um ambiente muito melhor. O que o ajudou muito nesse processo foi sua vontade de permanecer e crescer na empresa.

Em um nível de desenvolvimento intermediário, percebemos nossos comportamentos, pensamentos e emoções, inclusive os não desejados, mas não conseguimos mudá-los. Quantas vezes nos damos conta de uma atitude que não gostaríamos de ter, mas mesmo assim a repetimos?

Em um nível de desenvolvimento elevado não temos total domínio de nossas ações e emoções o tempo todo. Não seríamos humanos se tal fato ocorresse. Isso ocorre, porém, na maior parte do tempo. Temos consciência e domínio do que ocorre conosco com um mínimo de distorções ou mecanismos de defesa na maior parte do tempo. Nossa auto-observação é constante, afinal aqueles mais profundamente em contato com a vida são os que olham com mais persistência e atenção para si mesmos.

Ações de desenvolvimento:

- *Solicite feedback sobre você para sua equipe, pares e gestor. Veja algumas perguntas sobre os coachees utilizadas em nossas avaliações ao início de um processo de coaching:*

    O que o coachee faz, tem ou é que você (quem responde à avaliação) gostaria que ele continuasse a fazer, ter ou ser?

    O que o coachee faz, tem ou é que você (quem responde à avaliação) gostaria que ele deixasse de fazer, ter ou ser?

    O que o coachee não faz, não tem ou não é que você (quem responde à avaliação) gostaria que ele começasse a fazer, ter ou ser?

    Que benefícios você (quem responde à avaliação) acredita que serão obtidos a partir do momento que o coachee atender às solicitações das três perguntas anteriores?

    Qual é o seu compromisso pessoal (ações de quem responde à avaliação) para que as ações solicitadas ocorram?

> Quando o coachee recebe as avaliações, ele define que ações tomará de acordo com cada uma das sugestões dadas. Ele poderá concordar plena, parcialmente ou não concordar com nenhuma delas. No caso de discordar, poderá não realizar ação alguma.

Utilizamos também o conceito da Janela Johari, idealizada por Joseph Luft e Harry Ingham. Trata-se de um interessante instrumento de comparação entre a percepção que temos de nós mesmos com a que os outros têm de nós. Procuramos chamar o gestor do coachee e um número igual de pares e subordinados se possível. A partir de uma relação com vários adjetivos, solicitamos a cada participante e ao coachee que escolham os que mais caracterizam o coachee. Seja para as perguntas anteriores, seja para a Janela Johari, é importante que os participantes não sejam influenciados por fatores políticos nem fatos recentes que, de alguma forma, possam comprometer a avaliação. Com as respostas, formamos quatro quadrantes:

> • "O eu aberto": área que mostra o que é conhecido pelo coachee e pelos outros. Mostra os aspectos da personalidade do coachee que ele e os outros percebem. Pessoas com vários adjetivos neste quadrante normalmente pedem e dão feedback com frequência. Quando o líder é receptivo à sua equipe e aos colegas, "o eu aberto" aumenta com o passar do tempo. Assim, quando a equipe é nova ou o líder a gerencia há pouco tempo, "o eu aberto" é menor se comparado ao de um líder que está com a equipe há mais tempo. Um líder que cria uma equipe e permite que seus participantes se manifestem promove um ambiente com menos tensão e estresse, ao ser mais receptivo a opiniões e ideias novas. É comum o líder acreditar que isso sempre ocorre em sua equipe, o que não é verdade.

- *"O eu cego"* é o quadrante que mostra o que os outros percebem, mas o coachee não. Muitos de nossos comportamentos ou emoções são facilmente percebidos pelos outros, sem que saibamos disso. Afinal, a percepção de nós mesmos é diferente daquela que os outros têm de nós. Essa é uma das razões de os outros se portarem de uma forma conosco e, algumas vezes, não entendermos o porquê. Pessoas que pedem pouco feedback tendem a ter "o eu cego" com vários adjetivos. A redução do "eu cego" representa um grande desafio, uma vez que é nela que os mecanismos de defesa operam.

- *"O eu secreto"* é o quadrante que mostra o que o coachee sabe sobre si mesmo, mas os outros não. Quando esse quadrante contém muitos adjetivos, há um coachee que pouco se mostra, sendo percebido pelos outros como alguém desconhecido ou distante. Pessoas que dão pouco feedback tendem a ter "o eu secreto" bastante preenchido. Quando "o eu aberto" se amplia, esse quadrante diminui. A confiança recíproca cresce, sendo menos necessário esconder pensamentos e emoções. A energia que anteriormente era utilizada pelo coachee para se esconder passa a ser direcionada para a conquista de objetivos.

- *"O eu desconhecido"* é o quadrante que mostra aspectos da personalidade não acessados pelo coachee nem pelos demais participantes. Duas são as possibilidades para esse quadrante. Ou são adjetivos que não representam o coachee ou aqui pode haver traços muito protegidos pelos mecanismos de defesa e difíceis de serem mudados. Aqui estão algumas memórias de infâncias e diversos aspectos dos níveis mais profundos do inconsciente. Os adjetivos que ninguém escolheu representam uma lista inicial para a jornada de descoberta do "eu desconhecido".

Por meio do trabalho de coaching, quando há mudança em um dos quadrantes, os demais são impactados por essa alteração. Trabalhe os resultados com seu coachee. O que pode ser melhorado? Pedir, dar feedback ou ambos? Trabalhe as crenças do coachee que envolvem dar e pedir feedback.

Ações de desenvolvimento:

• *Peça feedback para pelo menos 3 pessoas diferentes. Utilize as perguntas acima nesse tópico. Procure escolher aqueles que têm opiniões diferentes das suas. Ao receber feedback não justifique ou responda. Você pode concordar, concordar parcialmente ou discordar do feedback que recebeu. Lembre-se de, ao final, agradecer pelos feedbacks recebidos. Lembre-se feedback é uma opinião. Mesmo que você não concorde pergunte-se: "O que leva aquela pessoa a ter essa opinião?".*

• *Dê feedback para pelo menos 3 pessoas diferentes. Não procure corrigir ninguém ou espere que as pessoas para quem você deu feedback façam aquilo que você sugere. Apenas manifeste como você percebe algo em contribuição para o enriquecimento da percepção do outro. Estude, para isso, técnicas de feedback caso você não tenha esse conhecimento.*

• *Faça a sua Janela Johari.*

Da posição "Eu não estou OK/Você não está OK" para a posição "Eu estou OK/Você está OK"

As posições existenciais são muito mais do que uma simples opinião sobre nós mesmos e os outros. Segundo Eric Berne, são a base para importantes decisões que tomamos sobre como será nossa vida, uma vez que se relacionam com valores essenciais que percebemos nas pessoas e em nós também. Podem ser consideradas crenças usadas para justificar comportamentos e decisões.

No nível menos evoluído, nossa posição preferida é "Eu não estou OK/ Você não está OK". Trata-se da situação em que nada vale a pena. Quando tal posição prevalece, não conseguimos manter o equilíbrio emocional.

No nível intermediário, uma das posições que adotamos é "Eu estou OK/ Você não está OK", ou seja, "Quero me livrar de você". A outra é "Eu não estou OK/Você está OK" ou "Quero fugir ou me afastar" que não conseguimos admitir para nós mesmos. Então, projetamos os problemas/dúvidas que temos em relação a nós nos outros.

No nível mais evoluído, estamos na posição "Eu estou OK/Você está OK" na maior parte do tempo. Nela, encaramos as situações da vida com equilíbrio e mantemo-nos centrados e conectados a nossos recursos. A sensação é de tranquilidade e olhar confiante no presente momento.

Ações de desenvolvimento:

- *Continue o exercício de auto-observação e identifique sua posição existencial preferencial. Se for diferente da OK/OK (+/+), considere as questões a seguir:*

    "Quais são as circunstâncias que o levam a posições diferentes da OK/OK?".

    "O que você faz, pensa ou sente em cada uma delas?".

    "Quem você precisa ser para estar na posição OK/OK?".

    "Em que precisa acreditar?".

    "Quais são as competências necessárias para ter um desempenho adequado nos ambientes em que você opera, com as pessoas com quem se relaciona?".

    "O que quer mudar?".

    "Qual é o primeiro passo?".

VOCÊ BAIXOU O APLICATIVO DESTE LIVRO? É HORA DE APROVEITÁ-LO!

O título do áudio desta parte é
"GRADE DE METAS".
Veja o exemplo de uma grade de metas preenchida.

De alguém que só espera receber para um ser independente que doa

Ao nascer, somos extremamente dependentes dos outros, principalmente de nossa mãe. Até uma determinada fase da vida, essa dependência é tão grande que chegamos a confundir nossa identidade com a dela, acreditando que somos um único ser. Somos alimentados, limpos, acariciados e recebemos uma série de outros cuidados. Ao mesmo tempo, não cuidamos de ninguém. Com o tempo, o natural é que essa relação mude, ou seja, que pouco a pouco nos tornemos independentes e passemos a seguir nosso caminho com autonomia.

Por vivermos em sociedade, dependeremos sempre dos outros, pois não é mais possível obter, de forma autônoma, o necessário para sobrevivermos. Um bom indicador do nível de desenvolvimento de uma pessoa é o equilíbrio entre o dar e o receber, o que pode envolver tempo, conhecimentos, amor e os mais diversos tipos de recursos apenas para citar alguns exemplos.

No nível menos evoluído, buscamos somente receber ao mesmo tempo que pouco nos preocupamos em dar. Trata-se de uma posição bastante egoísta, muitas vezes considerada natural por nós. Colocar-se no papel de vítima leva a essa situação, pois achamos que por termos sofrido injustiças, os outros, a vida ou mesmo o mundo devem nos compensar de alguma forma.

Já no nível intermediário de desenvolvimento, estamos mais abertos ao outro, mas ainda atentos ao fato de que o que dermos deverá ser retribuído. Dessa forma, o nosso dar já existe, porém é condicional. Mostre-me que vale a pena e estarei disposto a investir nesse contexto ou relação.

Estar no nível mais evoluído não significa ficarmos em relações do tipo perde e ganha, pois tal comportamento não é saudável nem duradouro. No entanto, o dar não vem acompanhado da expectativa de um retorno imediato, que, quando não acontece, se torna frustrante. Oferecemos nosso tempo, nossa energia ou nossos recursos, pois tais ações são enriquecedoras para os outros, a sociedade e a vida. Estamos participando da construção de uma realidade melhor. Não só nos sentimos bem com isso, mas também nossa vida adquire um significado maior.

Ações de desenvolvimento:

- *Faça uma relação das necessidades das outras pessoas que se relacionam com você. Quais necessidades estão sendo atendidas por você? O que aprendeu com esse exercício? O que será mudado?*

- *Somente após a listagem estar pronta, converse com essas pessoas e peça-lhes que listem as necessidades que acreditam ter. Uma alternativa é elaborar essa segunda relação juntos. A grade de metas pode ser muito útil aqui. Trata-se de uma matriz de quatro quadrantes preenchida com respostas às seguintes perguntas:*

> **O que você tem e quer?** *Essa pergunta pode estar relacionada a um contexto específico entre o coachee e a pessoa a quem ele está perguntado. As respostas incluirão o que o interlocutor deseja manter.*

O que você tem e não quer? As respostas indicarão o que o interlocutor quer eliminar.

O que você não tem e quer? As respostas informarão o que o interlocutor deseja obter.

O que você não tem nem quer? As respostas enumerarão o que o interlocutor quer evitar.

Nos programas de coaching para líderes que a Iluminatta desenvolve, recomendamos que os líderes utilizem tais perguntas ao conversarem com os liderados. São questões simples e fáceis de serem feitas. Lembre-se de como é importante a qualidade da conexão com a pessoa com quem você conversará. Muitos líderes retornam surpresos com as respostas que ouvem. Alguns deles comentam que não conheciam verdadeiramente os colaboradores com os quais trabalhavam. Como coach, use essas perguntas para descobrir os objetivos de seus coachees. A grade de metas é também um importante recurso no coaching de equipes quando elas ainda estão se formando.

• Compare uma relação com a outra. O que aparece na segunda lista que não constava na primeira? A quais necessidades você está atendendo? O que aprendeu com esse exercício? O que será mudado?

Da postura rígida do "eu me quebro, mas não me vergo" para a postura do "sou flexível (bambu ao vento)"

Desde cedo, somos treinados a ter razão. No mundo corporativo, mudar de opinião ou reconhecer o argumento do outro nem sempre é considerado um sinal de grandeza, mas sim de derrota ou fraqueza. Em ambientes onde isso ocorre, somos convidados a manter uma posição rígida, que leva a posturas e decisões que não nos conduzem aos resultados desejados. A metáfora do grande carvalho é muito conhecida, pois, por mais forte que seja, dependendo da intensidade da tempestade, se quebra, enquanto o bambu, por causa de sua flexibilidade, se dobra.

No nível básico, independentemente das consequências disso, mantemo-nos em uma posição rígida, sem sermos receptivos a opiniões diferentes da nossa.

No nível intermediário, começamos a considerar a opinião dos outros. Ainda nos preocupamos com nossa imagem e como será afetada. Dessa forma, buscamos uma saída honrosa para nossas mudanças de opinião e consequentes alterações de comportamentos.

No nível mais evoluído, não nos incomodamos quando erramos. Em vez de considerar que erramos, apenas pensamos que o resultado desejado não foi obtido. Tampouco significa que somos incompetentes. Há uma diferença entre essas situações. Ser incompetente significa não aprender com os resultados e insistir em procedimentos que não nos levam ao que desejamos. Muitas vezes, resultados não desejados se relacionam a uma ousadia fundamental nos negócios. Nesse nível, consideramo-nos livres para mudar segundo os aprendizados gerados. As mudanças envolvem não só comportamentos, mas também crenças e valores, abrindo um mundo de possibilidades.

Ações de desenvolvimento:

- *Escolha uma situação na qual não esteja obtendo os resultados desejados. Da mesma forma, selecione uma pessoa muito diferente de você que tenha opiniões e comportamentos distintos dos seus em relação à situação escolhida. Selecione um desses comportamentos ou mesmo opiniões e adote nos próximos dias.*

- *Para a mesma situação anterior, encontre a razão pela qual o resultado desejado não está sendo atingido. Procure outras quatro razões diferentes dessa primeira. Talvez você tenha que pedir a opinião de outras pessoas para concluir essa tarefa. Faça isso. Selecione pessoas com as quais se identifica e outras com as quais não tenha tantas afinidades. Importante que entre elas haja aquelas mais objetivas, que buscam resultados, e outras mais espiritualizadas, que valorizam o ser humano.*

De um ser que não está conectado a algo maior para um ser conectado e espiritualizado

Neste livro, espiritualidade se relaciona à conexão com algo maior, que vai além de nossos comportamentos, realizações materiais, de nossa busca por conhecimento, segurança, imagem, prazer, aceitação, resistência ou pertencimento. Quando nos libertamos disso tudo, estabelecemos uma conexão superior. Estamos em contato com a nossa essência e "o milagre de uma vida plena e grandiosa" ocorre porque nos alinhamos com uma energia que é mais vasta ainda do que nossa energia vital. Conectamo-nos à evolução da humanidade.

No nível menos evoluído, direcionamos nossa vida pautados em nossos medos ou receios, em nossa necessidade de uma boa autoimagem e controle. Quando menciono controle, refiro-me a querermos que os outros ou o mundo sejam da forma que acreditamos ser a melhor. Esse controle pode também estar relacionado a nós mesmos, incluindo tempo, energia ou outros recursos. A forma como percebemos a realidade é distorcida. Temos mecanismos de defesa altamente desenvolvidos que nos fazem acreditar que somos muito melhores do que realmente somos e lutamos para impor a forma com a qual percebemos o mundo aos outros.

No nível intermediário, percebemos como nossos medos ou receios, nossa necessidade de uma boa autoimagem, realização e controle atuam em nossa vida e acabam nos limitando. Ainda não conseguimos, porém, atuar neles de forma significativa e o foco no "eu" ainda presente nos impede de ter uma conexão plena com o que está acima disso tudo. Um desprendimento já é percebido, mas as estratégias de sobrevivência ainda são usadas e se manifestam com frequência.

No nível mais evoluído, conseguimos perceber a realidade de forma muito mais precisa. Não estamos mais presos aos nossos medos, à necessidade de controle nem a uma boa autoimagem, mesmo que ainda possamos senti-los. Já não comandam mais nossas ações nem emoções. Dessa forma, podemos, com tranquilidade, perceber o mundo a nossa volta, sem desconsiderar, distorcer ou generalizar o que, em outros níveis, é considerado uma ameaça. A conexão com algo maior que tudo isso representa um valor para nós e direciona nossa vida.

Ações de desenvolvimento:

• *O que faria se tivesse certeza de que tudo o que fizesse nos próximos cinco anos desse certo? Compare com o que você está fazendo agora. Que medos você identifica? De que forma estão limitando sua vida?*

• *O que faria se não tivesse ninguém que você considera importante observando-o ou que soubesse de suas ações e resultados? Quais necessidades de uma boa autoimagem você identifica? De que forma isso está limitando sua vida?*

• *Considere o que você busca controlar. Um bom caminho para isso é não dar sua opinião nem sugestão, tampouco apontar nada que esteja errado no seu ponto de vista. Se considera harmonia um valor importante, então se lembre dos momentos em que se conteve para evitar conflitos. Como tudo isso tem limitado sua vida?*

Caso esteja familiarizado com o conceito de rodas do coaching, construa sua roda de desenvolvimento pessoal. Utilize cada um dos itens do desenvolvimento pessoal como segmento. Se desejar, acrescente algum item não descrito neste livro e que seja relevante para você.

Da mesma forma, poderá retirar algo não pertinente. Apenas fique atento se, ao fazer isso, não estará operando um mecanismo de defesa que o impeça de trabalhar algum aspecto importante. Preencha cada item com seu nível de satisfação. Com a roda completa, o que percebe? Qual dos segmentos lhe parece mais pertinente para ser trabalhado agora? Ao final de cada tópico, há sugestões de ações. Se não houver nenhuma outra que tenha mais sentido para você, adote a que constar lá nos próximos dez dias.

A ação precisa ser algo que você ainda não realiza, com exceção de pensar. Importante que seja algo diferente do que você já faz. Depois de dez dias, considere:

O que aconteceu?

O que aprendi com isso?

O que me propus fazer e não fiz?

O que me impediu?

Como usarei isso daqui para frente?

Qual é a minha próxima ação?

CAPÍTULO
3

ETAPAS DO COACHING EXECUTIVO

"Sua energia flui para onde sua atenção está."

Robert Dilts

3
ETAPAS DO COACHING EXECUTIVO

Em razão de o Coaching Executivo envolver vários participantes, inúmeras expectativas podem existir, possibilitando que um processo com etapas definidas faça diferença na qualidade do trabalho e também na satisfação geral. A estrutura a seguir é uma sugestão para o coach que fica com os principais tópicos do processo em mente, de forma a avaliar o trabalho que está conduzido. De forma alguma deve ser um roteiro rígido, mesmo porque iria contra o conceito de coaching, que não deve sobrepor o coachee, principalmente durante as sessões. É o coachee que detém a agenda. A intenção é mostrar o que pode ser considerado no coaching. Há processos em que algumas etapas e ferramentas específicas são bastante úteis e outros em que não se aplicam. As etapas podem ser utilizadas ao longo de um processo ou em uma única sessão onde várias delas irão aparecer.

As principais etapas são:

- **Contatos de alinhamento com os participantes**

    Aspectos práticos do coaching
    Estabelecimento da meta
    Contrato de comprometimento do coachee com o processo

- **Estabelecimento da conexão com o coachee**

- **Sessões de coaching**

    Centramento do coachee para que ele vá ao estado de máximo potencial dele

Alinhamento dos valores da empresa com os do coachee em relação à meta estabelecida e ao trabalho que será realizado

Associação com a meta realizada

Percepção da situação atual de forma ampliada

Comparação da situação atual com a desejada

Estabelecimento das ações que levarão da situação atual para a desejada

Identificação, ressignificação e utilização de crenças e hábitos limitantes e possibilitadores

Utilização de ferramentas

Mensuração de resultados

- **Reuniões intermediárias e de final de processo**

3
ETAPAS DO COACHING EXECUTIVO

CONTATOS DE ALINHAMENTO COM OS PARTICIPANTES

Várias são as questões a serem trabalhadas nesta etapa, durante a qual informações serão obtidas para que o trabalho possa ser preparado, entregue e mensurado.

ASPECTOS PRÁTICOS DO COACHING

Tais aspectos incluem quantas etapas o processo terá, o perfil dos coaches que trabalham na empresa que prestará o serviço e que estarão disponíveis, condições comerciais, como valores, duração e número das sessões ou do processo, política de cancelamentos das sessões, local onde as sessões serão realizadas, relatórios que serão entregues, confidencialidade e o que é coaching.

O local onde as sessões serão realizadas é um dos pontos que podem interferir significativamente no resultado do coaching. O líder tem normalmente a própria sala, um local onde está habituado a comandar. É lá que ele opera no automático, o que é um fator limitante que o afasta do estado de ampliação de percepções que o coaching proporciona. É comum que queira comandar o coach também. Sair desse local, locomover-se e realizar as sessões em outro espaço, de preferência fora da empresa, contribui para que o processo seja muito mais poderoso. Respirar em outro ambiente ajuda muito nesse sentido. Além disso, fora da empresa, haverá menos convites para interrupções. Como veremos adiante, esse isolamento será melhor para o líder fazer os exercícios que o levam a se conectar com seu potencial máximo.

Mesmo considerando que nos últimos dez anos houve uma grande evolução do conhecimento e experiência das empresas em relação a coaching, estamos falando de uma atividade que, em razão dos significativos resultados que proporciona, tem sido utilizada como forma de vender atividades as mais diversas, inclusive aquelas que não têm nada a ver com coaching. Dessa forma, definir o que é coaching é particularmente importante, sendo fundamental estabelecer com o contratante qual será exatamente o serviço prestado. Já fui chamado em empresas para fazer coaching, quando o que se desejava era consultoria ou mentoring. Fará diferença para o trabalho a ser desenvolvido que todos os envolvidos tenham os mesmos conceitos em mente. Algumas perguntas interessantes relacionadas a esse aspecto incluem:

O QUE VOCÊS GOSTARAM DOS

processos de coaching

ANTERIORMENTE REALIZADOS?

O QUE VOCÊS GOSTARIAM QUE FOSSE

diferente?

ESTABELECIMENTO DA META

Nesta fase, o coach entrará em contato com o contratante, muitas vezes alguém do Departamento de Desenvolvimento Humano, com o líder do coachee e o próprio coachee. Com base na situação atual, os objetivos são alinhados. É importante que todos estejam de acordo com a meta estabelecida e que o coaching seja uma etapa fundamental para o objetivo ser alcançado. Recomendo que a meta seja acordada com todos os quatro participantes presentes.

CASOS DE *coaching*

QUER UM EXEMPLO DO QUE PODE ACONTECER EM UMA SESSÃO DE ESTABELECIMENTO DA META? ENTÃO LEIA O CASO DO WAGNER.

Nessa etapa, já me ocorreu uma situação em que o coachee era totalmente contrário a desenvolver esse trabalho. Wagner era gerente de TI de uma empresa fabricante de materiais para construção civil e pensava o seguinte: "Fazer coaching comigo com o objetivo que foi estabelecido é colocar a responsabilidade dos resultados obtidos até aqui totalmente nas minhas costas. Na verdade, já me posicionei em como percebo a situação e o que temos que fazer para atingir os objetivos, mas isto tem sido ignorado pela empresa até o momento. Não vou participar desse processo, pois não acredito no contexto nem nas premissas em que se baseia".

Estava claro que o processo não poderia seguir adiante enquanto essa questão não fosse resolvida entre o gestor e o coachee, o que ocorreu em uma reunião posterior entre eles. Naquela oportunidade, as reuniões com o coachee e seu gestor haviam sido realizadas separadamente, procedimento que não tenho adotado atualmente. Vários têm sido os processos em que a empresa chama o coach com um objetivo para o coachee, sem que este tenha sido claramente comunicado a esse respeito. Trata-se de uma terceirização da comunicação. Coaching não deve ser usado como um veículo para comunicar aos coachees o que pessoas da própria empresa devem comunicar. Quando a meta é estabelecida nessa reunião com os quatro participantes ou já tinha sido acordada anteriormente com o coachee, o comprometimento dele é bem maior, além de se sentir responsável pelo próprio desenvolvimento.

Por outro lado, por meio da reunião de estabelecimento de objetivos com todos os participantes envolvidos, a comunicação será muito mais assertiva, não havendo espaço para informações subliminares. Dependendo do nível de maturidade dos envolvidos, esta será também uma oportunidade de crescimento.

Estabelecer objetivos é uma etapa desafiadora. É comum o contratante saber o que não deseja do coachee. Quando questionado, porém, sobre o que especificamente espera desse processo, muitas vezes a dificuldade em dar uma resposta satisfatória é grande, o que leva a um processo não alinhado. É importante que o coach atue nesse momento. A razão dessa dificuldade é que, muitas vezes, o gestor, inconscientemente, contribui para o estado atual e não desejado e, mais do que isso, impede que aquilo que deseja não ocorra. Quando é convidado a manifestar o que deseja, começa a entrar em contato com esse cenário. Você deve conhecer casos de líderes que manifestavam o desejo de delegar, que suas equipes assumissem mais as decisões, mas no fundo não conseguiam fazer isso. Esse contato pode manifestar-se como desconforto, raiva, medo e, em alguns casos, percepção do que está acontecendo. Mesmo nessa última hipótese, não serão todos que aceitarão isto publicamente. Dependendo com quem você esteja falando e o contexto no qual essa pessoa está inserida, esse momento poderá ser desconfortável ou provocador. Por outro lado, quem você acha que agrega maior valor à empresa? Quem é mais bem percebido? Um coach que simplesmente anota o que o contratante menciona como primeiro objetivo ou aquele que o ajuda a ir adiante com isso, obtendo um conteúdo mais estratégico para todos os envolvidos? Se você quiser ser percebido como alguém que é mais do que um simples executor de tarefas e, portanto, ser respeitado e considerado um parceiro estratégico, muitas vezes deverá ir além da primeira proposta de meta colocada na mesa. No mínimo, deverá explorá-la para entender por que isso deverá ser aceito.

- *Para tal situação ocorrer, você deverá agir como coach em vários momentos dessa reunião e na sua preparação, o que envolve ampliar percepções. Considere seus trabalhos recentes. Marque em quais deles você se enquadra: Investiguei as reais necessidades da empresa cliente.*

- *Declinei tranquilamente do trabalho quando percebo que não é coaching o que trará os resultados desejados.*

- *Foquei nas necessidades de meus clientes e não nas minhas e ajudo o contratante a encontrar a melhor solução para a questão dele.*

- *Enfoquei a solução do problema e não em ferramentas específicas.*

- *Consegui identificar e discorrer sobre a empresa cliente, seus desafios e em que contexto o coaching está inserido.*

- *Ajudei o contratante e/ou gestor a perceber as consequências de manter a situação como está.*
- *Questionei constantemente meu próprio desempenho como coach e altero o que é necessário mudar.*

- *Entendi perfeitamente como o processo de coaching está inserido no negócio do cliente.*

- *Estava capacitado a vender o valor do processo para a empresa cliente.*

- *Conhecia e utilizei técnicas de vendas. Mesmo que você não seja responsável pela venda dos serviços de coaching na empresa em que trabalha, será útil conhecer técnicas de vendas. Por exemplo, imagine que você encontrou um vizinho no elevador de seu prédio ou do escritório de um cliente que foi visitar. Ele lhe pergunta com o que você trabalha e, ao ouvir sua resposta, questiona:*
"O que é coaching? Para que serve isso?".

Você tem apenas alguns segundos até o elevador chegar ao andar desejado para responder a essa pergunta. Qual será sua resposta? Se você não ficou satisfeito com o que disse, então aproveite esse momento para preparar uma boa resposta. Ao fazer isso, considere que despertarão pouco interesse nos outros as certificações que você possui, os clientes que já teve ou os trabalhos que realizou. Da mesma forma, isso também se aplica às definições formais do que é coaching. O que manterá a atenção dos outros, seja no elevador, seja na empresa que você visita, é que benefícios o coaching lhes proporcionará, o que ganham ao contratar um processo. Lembre-se de ser sucinto, pois tal característica é o que lhe permitirá ganhar mais tempo com as pessoas que o estiverem ouvindo. Entre elas, poderão estar seus coachees. O resultado final do processo significativamente depende do grau de interesse do coachee. Quão preparado como coach você está para influenciar nesse aspecto? Voltando à sua resposta, qual é a conclusão que você obtém? O que deve ser melhorado? O que você mudará? Quais são as próximas ações nesse sentido?

Para ser percebido como um coach diferenciado, é preciso entender os clientes. Com o objetivo claramente definido e acordado, evitam-se mudanças de metas do gestor no meio do processo. Isto ocorre quando o cenário muda e o que parecia ser importante no início deixa de ser. Lembra-se do caso de Almir relatado no tópico Papel do contratante? Naquele momento, voltar com a meta inicial negociada entre todos os envolvidos fez grande diferença em relação ao que tinha sido alinhado e estava sendo trabalhado. Em um caso como esse, é fundamental que todos os envolvidos avaliem o que é mais importante e o preço a ser pago por seguir ou não a meta inicialmente estabelecida. É preciso que tal ação seja feita de forma consciente e não porque não se prestou atenção à alteração da meta inicial.

Cabe ao coach manter a meta segundo os objetivos preestabelecidos. A despeito de tanta teoria que existe sobre o assunto, esse ainda é um ponto que exige tal participação, motivo pelo qual o citei neste livro. Muitas vezes, os contratantes efetuam solicitações inespecíficas, focadas no que se observa como indesejável ou mesmo em aspectos da operação que não estão sob a gestão do líder que fará o processo, por exemplo. Nessas condições, ir adiante representa um alto risco de haver desalinhamento de expectativas, coachees não focados como poderiam no que se deseja e contratantes e gestores, no final do processo, não satisfeitos.

Trabalhe de forma que a meta que o contratante apresenta siga os objetivos alinhados. Caso esteja por demais familiarizado com tal ação, pule essa parte. De qualquer forma, o texto a seguir foi escrito sob a ótica do coaching e pode ser interessante para você.

Metas que obedecem à boa elaboração de objetivos são aquelas que estão no positivo. Francisco diretor comercial de uma empresa no segmento farmacêutico em uma reunião de alinhamento manifestou que a meta para o coachee, um dos seus gerentes era que ele parasse de agir como vendedor. Você pode perceber que esta meta está no negativo. Aqui está sendo manifestado o que não se deseja. Uma das razões do sucesso do coaching é o foco no que se quer e não no que não se quer. O que aconteceria se você fosse ao supermercado com uma lista de itens que não quer comprar? Como será o desempenho de um executivo que age dessa forma?

Robert Dilts, uma das referências atuais da Programação Neurolinguística e coach de executivos, cita com frequência a seguinte frase: "Sua energia flui para onde sua atenção está". Onde está a atenção do seu coachee? Se estiver focada em problemas, a energia dele estará concentrada nos problemas e será isso que ele obterá. Se estiver na conquista da meta, irá para a conquista e realizações.

Ao iniciar minha carreira como coach, decidi concentrar minha atenção onde eu queria. Conheci um coach que trabalhava com metáforas visuais que me sugeriu elaborar uma que representasse meus objetivos. Uma metáfora visual pode ser uma cartolina com figuras, desenhos, fotos ou frases que representem o que você deseja. Pode ser uma apresentação, um slide de PowerPoint, uma imagem que utilize os softwares existentes, uma pintura ou um trabalho de artesanato, só para citar alguns exemplos. Nessa época, ainda estava com meu trabalho concentrado no Brasil e desejava que minha carreira se expandisse e se tornasse internacional. Por isso, uma das imagens que escolhi foi a de um avião. Afinal, precisaria embarcar em um quando tivesse trabalhos internacionais. Inicialmente, considerei a possibilidade de imprimir e utilizar uma imagem qualquer facilmente encontrada na Internet. Contudo, conclui que não estaria colocando a devida atenção que poderia nisso. Por consequência, não teria tampouco a energia necessária. Dessa forma, decidi ir ao aeroporto da cidade onde morava e tirar fotos de aviões que decolavam e pousavam. Ao voltar para o escritório, imprimi a melhor foto e colei-a em meu painel. Da mesma forma, continuei produzindo a metáfora visual, acrescentando outras imagens, e guardei-a dentro de meu armário de roupas. Assim, via-a todas as manhãs, ao escolher o que vestir antes de começar meu dia. Dois dias depois, recebi o telefonema de um de nossos parceiros atuais, referência mundial na área de coaching, convidando-me para participar da equipe dos programas que ele realizava no Brasil. Os relacionamentos que essa participação me proporcionou permitiram que meu trabalho fosse visto por pessoas de diversos países, para os quais, atualmente, sou convidado a dar palestras e treinamentos.

Veja alguns exemplos de perguntas que, poderiam ser feitas para ajudar o Francisco a focar no que deseja:

Quando o coachee parar de agir como vendedor, o que fará?

O que acontecerá quando parar de agir como vendedor?

Quem ele precisa ser?

O que se deseja dele?

No final do processo, o que precisa ter ocorrido para você acreditar que o coaching foi útil?

(essa é uma pergunta que sempre faço aos contratantes ao alinhar com eles metas de coaching que serão conquistadas futuramente)

Depois de perguntas como essas, Francisco alterou a meta para que o coachee "assumisse o papel de Gerente Nacional de Vendas".

Metas são específicas o que permite um alinhamento de todos os envolvidos, fazendo com que trabalharem na mesma direção. Por outro lado, quanto mais longo for o prazo para se atingir algo, torna-se mais difícil elaborar a meta de forma específica. Metas de longo prazo destacam os valores da empresa com mais clareza do que as de curto prazo. Perceba o que você deseja para daqui 10 anos. É provável que esteja muito mais alinhado com seus valores do que aquilo que você está buscando para o próximo mês. Da mesma forma, haverá questões mais subjetivas do que outras. Por exemplo: passar uma melhor imagem aos investidores quando das reuniões trimestrais é mais subjetivo do que atingir um resultado específico de vendas ou lucro no final de um ano.

As perguntas a serem feitas ao contratante ou coachee para ajudá-los a elaborar metas específicas são apresentadas a seguir:

Como você saberá que a meta foi atingida?

(mais uma pergunta que faço aos contratantes quando ocorre a sessão de alinhamento).

Como os outros saberão que a meta foi atingida?

(para contratantes e coachees).

Quais serão as evidências de bons resultados?

O que o coachee fará de diferente e melhor?

(para os contratantes).

Quem medirá os resultados?

Quem dará o feedback de qualidade?

(para os contratantes).

Quando perguntamos quem medirá os resultados, é importante definir alguém da empresa que será o responsável por essa aferição. Poderá ser o gestor, o contratante ou mesmo outra pessoa com condições de realizar tal tarefa de forma isenta.

Como a medição dos resultados será feita?

(para os contratantes).

Quando os resultados serão medidos?

(para os contratantes).

O quando passa a ser relevante, pois o resultado obtido não ocorre apenas logo após o encerramento do processo, podendo se perpetuar por mais tempo.

Costumo entrar em contato com meus coachees ou contratantes seis meses ou até um ano após o processo encerrado e, em muitos casos, as percepções sobre o resultado obtido são melhores ainda do que após sua finalização. Tal ação estabelece com o coach ou a empresa que ele representa um relacionamento com consequente possibilidade de novos negócios.

Metas dependem da atuação do coachee, ou seja, ele é responsável pelo que faz. Ajude o contratante e o gestor a avaliar se o que desejam depende do coachee:

O que está ao alcance do coachee?
(para os contratantes e gestor).

O que está a seu alcance?
(para o coachee).

Como você percebe a diferença entre o que considera estar a seu alcance e o que a empresa considera?

No que você pode ir além?
(para o coachee durantes as sessões).

O que você pode fazer além disso?
(para o coachee durante as sessões).

Escolha um modelo de sucesso e compare-o a você. Quais são as diferenças entre ambos?
(para o coachee durante as sessões).

Depois de perguntas como essas Fernando e o coachee concordaram que eram metas que dependiam diretamente das ações da gerência nacional de vendas. Além disso, durante as sessões proporcionaram algumas descobertas de caminhos diferentes da sua atuação até o momento.

Metas são sistêmicas. Nesse caso, deve-se ajudar os participantes do processo a enxergarem além do quadro atual. Por pior que pareça a situação inicial apresentada pelo contratante representa um ganho para nós ou para algo maior que é o sistema. Em outras palavras, ao sairmos da situação atual em direção à desejada, haverá o risco de alguém perder o que a primeira proporciona, o que deve ser levado em consideração. Quando uso a palavra sistema, refiro-me a um conjunto de elementos com um objetivo comum interligados entre si e em constante movimento. Nossa família, a empresa, um departamento ou divisão, a comunidade onde vivemos e o próprio coachee são exemplos de sistemas.

As perguntas a serem feitas ao contratante ou coachee para ajudá-los a elaborar metas sistêmicas são apresentadas a seguir:

Quais serão as consequências por atingir seu objetivo?

Qual será o preço por atingir seu objetivo?

Como reagirão as outras pessoas?

O que de pior pode acontecer quando você atingir seu objetivo?

O que você tem de bom na situação atual? Isto será mantido?

O que deve ser feito para haver equilíbrio entre o que todos darão e receberão?

O sistema de remuneração, premiação e promoção é congruente com a meta proposta?

Quem está sendo excluído nessa decisão?

O que pode ser feito em relação aos excluídos para mudar tal situação?

Como implementar esse plano para gerar equilíbrio a todos os envolvidos?

O que ou quem ainda não foi considerado?

Depois de perguntas como essas Fernando e o coachee concordaram que a meta não estava sistêmica uma vez que vários colaboradores da área teriam que mudar de cidade com suas famílias e um pacote de remuneração considerando este fato deveria ser melhor elaborado para que a meta pudesse ser mantida.

Metas são motivadoras. Devem se aplicar a todos os envolvidos e ser relevantes, possíveis e desafiadoras. Metas relevantes são aquelas que, ao serem alcançadas, farão diferença significativa no negócio. Coaching representa um investimento de tempo, recursos financeiros e emoções. As metas devem representar um ganho maior do que o investido. Além de medir o resultado obtido, farão o coaching ser percebido como um instrumento de ganho e não de custo. Para o coachee, tal processo é válido pelos ganhos que ele obterá. Na introdução deste livro, vimos o quão desafiadora é a vida de um líder e com quantos aspectos ele deve lidar. O caminho do sucesso inclui voltar a atenção àquilo que um determinado esforço gera com melhores resultados. A Roda da Liderança é muito útil para ajudar a tomar decisões.

Perguntas que ajudarão a encontrar metas relevantes são:

Que benefícios atingir a meta trará?

(para o contratante e coachee).

Quais necessidades do negócio serão atendidas?

(para o contratante e coachee).

Dentre todos os objetivos, qual é o melhor e mais importante?

(para o contratante e o coachee).

O que é mais importante ainda do que isto?

(para o contratante e o coachee).

O que o coachee ganhará com isso? De zero a dez, quão motivador é isso para você?

(para o contratante).

O que você ganhará com isso? De zero a dez, quão motivador é isso para você?

(para o coachee).

A combinação de possível com desafiadora ao mesmo tempo é o que torna uma meta motivadora. A figura a seguir mostra outra forma de perceber essa questão, apresentando a relação entre produtividade em razão da pressão exercida sobre alguém. O quanto de pressão uma pessoa precisa ter para gerar um determinado resultado varia de indivíduo para indivíduo, mas o que é comum é o desenho da curva.

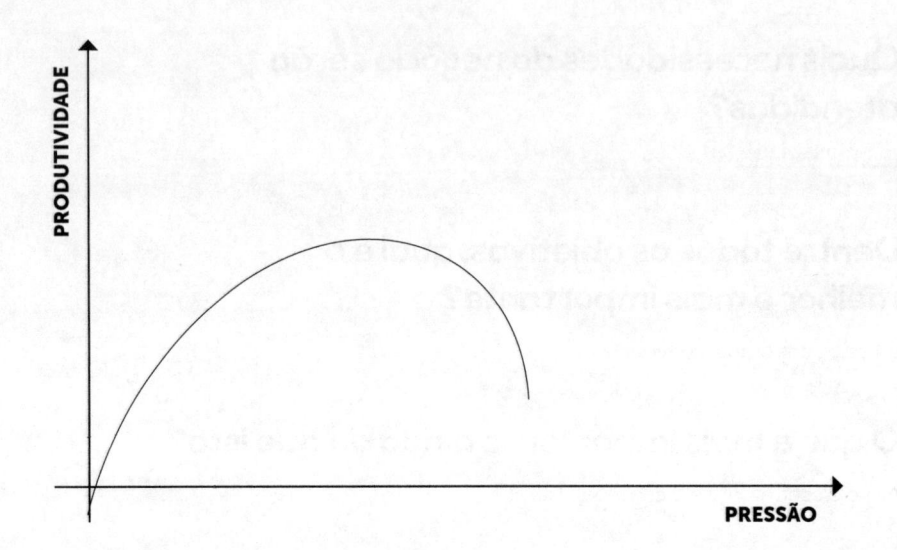

A ausência de pressão não gera o melhor desempenho. Tal pressão pode vir de várias formas e não só apenas do superior imediato. Pode englobar necessidade financeira, oportunidade de promoção, desejo de morar em outro país, nascimento de um filho, entre outros exemplos. À medida que a pressão começa e incrementa, o resultado obtido aumenta, mas, após um determinado nível de pressão, o desempenho começa a cair. O coach pode ajudar os envolvidos no processo a perceberem qual é o nível de pressão que gera mais resultados. Não adianta exigir metas impossíveis. Da mesma forma, o que o processo busca tem de ser motivador, algo que fará diferença na empresa e na vida dos participantes do coaching, surgindo, daí, o desafio.

Depois de perguntas como essas Fernando e o coachee concordaram que a meta era possível e desafiadora. Ela foi mantida.

Metas são simples. Ajude os participantes a elaborarem metas simples e fáceis de entender. Uma dica é reduzir o número de palavras que a meta terá. Experimente pedir metas com, no máximo, dez palavras. Verifique se é possível reduzi-las a sete. Considere o resultado obtido. Uma pergunta que ajuda o contratante, o gestor e o coachee a perceberem se uma meta é simples é a seguinte:

> ***Em uma conversa de elevador, se tivesse que falar sobre sua meta, o que diria?***

Deixo agora para você. Como você deixaria a meta que Fernando e o coachee estavam estabelecendo para que ela atenda a todas as condições da boa elaboração de uma meta?

CONTRATO DE COMPROMETIMENTO DO COACHEE COM O PROCESSO

Em termos de engajamento do coachee ao processo, faz muita diferença existir um contrato estabelecendo quais são os objetivos do coaching e o que o coachee se compromete a fazer para atingi-los. Estabelece-se um acordo moral a partir daí. Esse é o objetivo desse contrato, e não levá-lo para os tribunais de justiça. Antes de começar qualquer processo, envio ao coachee o contrato detalhando o que é coaching e algumas perguntas que obrigatoriamente deverão ser respondidas antes de iniciá-lo.

Esse documento simples enviado aos candidatos a coachees e que chamo de contrato de coaching tem as seguintes partes (os textos são sugestões de um contrato e podem, se você desejar, ser utilizados em seus trabalhos com os clientes):

Contextualizando coaching

Todos nós podemos e merecemos ter uma vida grandiosa. A partir do momento que desejamos isso, coaching torna-se uma poderosa e indispensável ferramenta nesse caminho. Trata-se de um processo estruturado que ajuda uma pessoa a viver muito próxima a seu potencial máximo. Normalmente, operamos abaixo do que podemos e não nos damos conta disso. Partir de onde estamos e evoluir em direção ao que de melhor podemos ser aumenta significativamente a possibilidade de atingirmos nossos objetivos.

Diferentemente da consultoria, coaching não analisa uma situação e, com base nela, dá respostas ao cliente. Coaching ajuda o coachee a encontrar as respostas que está procurando e, de acordo com estas, mudar de comportamento, pensamentos e emoções. Com isso, ações diferentes das que realiza, emoções diferentes das que sente e pensamentos diferentes são experimentados. Aqueles que levam aos resultados desejados são trabalhados para serem incorporados. Mesmo que os resultados atuais sejam bons, o amanhã apresenta novos desafios que exigem diferentes ações, pensamentos, emoções e crenças.

O coachee comanda o processo de modo que os caminhos a serem seguidos são por ele determinados e estarão alinhados com seus valores, de forma que os objetivos da empresa onde ele trabalha e estabelecidos para o processo sejam alcançados.

Aspectos práticos do processo

O processo de coaching desta proposta é realizado por meio de sessões com duração de uma a uma hora e meia aproximadamente. Em momentos e locais distintos, poderá haver sessões com duração superior. Nesses casos, o coachee será informado antecipadamente dessa possibilidade.

No início do processo, as sessões deverão ser realizadas, em dias úteis, a cada sete dias, podendo esse prazo ser aumentado para até 15 dias. Sessões com intervalos superiores a 15 dias comprometem a evolução do processo, exceto quando em etapas ou contextos específicos, quando espaçamentos maiores são justificáveis. É interessante marcar com antecedência pelo menos quatro sessões em razão da disponibilidade de agendas.

As sessões presenciais serão realizadas no endereço X. Se o coachee necessitar adiar uma sessão, esta poderá ser remarcada, desde que o coach tenha sido informado com antecedência mínima de 24 horas. Sessões que não forem desmarcadas e o coachee não comparecer serão consideradas realizadas.

Perguntas a serem respondidas pelo coachee

O que você especificamente espera do coaching?

Qual será a evidência de que a questão foi solucionada?

Como você saberá disso?

Como os outros saberão disso?

Você está pronto para investir tempo e energia neste processo?

Você está pronto para gerenciar seu tempo de forma que ocorram sessões entre 7 e 15 dias?

O quão preparado você está para dar e receber feedbacks sobre o processo e lidar com diferentes perspectivas que isto representa?

Você está consciente de que o tempo a ser investido neste processo vai além do das sessões e que ações terão que ser realizadas entre as sessões?

Farão parte de sua agenda?

As ações podem envolver pesquisas, leituras, interação com outras pessoas de várias formas e outras atividades diversas não realizadas por você hoje. Esteja preparado para o novo ou diferente. Como será isso para você?

Você reconhece ser totalmente responsável pelo resultado que deseja atingir?

Você reconhece que há uma distância entre onde você está atualmente e aonde deseja chegar?

Currículo do coach com dados de contato
Prepare um currículo seu específico para esse contrato.

Para iniciar o processo, solicito que o coachee me devolva as perguntas anteriores respondidas, mesmo as que foram trabalhadas na reunião de alinhamento. Algumas vezes, o coachee não concorda com o coaching. No caso de Wagner, mencionado no início do tópico Estabelecimento da meta e que não concordou com esse processo, não cabia a mim obter informações detalhadas sobre sua discordância e levá-las ao gestor ou ao contratante. Coaching está muito mais relacionado com o contexto e não com o conteúdo. O que fiz foi ajudar o coachee a analisar a situação da empresa quando ele se sentiu bem e ampliar suas percepções daquele momento. Comuniquei também ao gestor e ao contratante a necessidade de o coachee ter uma conversa com eles antes de iniciar as sessões. Após a reunião do coachee com seu gestor, o processo caminhou com os participantes em um estado de alinhamento e, portanto, com um rendimento muito maior do que haveria sem essas preliminares desencadeadas pela existência do contrato que ajudou o coachee a perceber o que ele não concordava.

No livro 6D – As seis disciplinas que transformam a educação em resultados para o negócio, Roy Pollock, Andrew Jefferson e Calhoun Wick recomendam que, após reuniões com contratantes, um e-mail seja enviado a todos para confirmar o que foi combinado. Nesse e-mail, deve-se mencionar os objetivos do programa, quais alterações comportamentais são esperadas, como e por quem tais mudanças serão medidas, os resultados decorrentes delas e um pedido de confirmação do que foi apresentado no texto. Lembre-se de que coaching não garante a obtenção de tais resultados. Sua responsabilidade como coach refere-se ao processo.

ESTABELECIMENTO DA CONEXÃO COM O COACHEE

Coaching está diretamente relacionado a pessoas que se encontram, portanto é fundamental haver uma sintonia para que o trabalho flua e atinja seus objetivos. Em grande parte, o sucesso baseia-se na receptividade e dedicação do coachee ao processo. Por melhor que o coach seja, sem essas qualidades nada acontecerá. Há vários relatos de processos na mesma empresa, com o mesmo coach, com temas muito parecidos que geraram diferentes resultados, sendo a postura dos coachees determinante nesse sentido. Muitos consideram o coaching uma ameaça e se perguntam, seja por pensamentos, como os apresentados a seguir (lado consciente que se manifesta), seja por meio de sensações de desconforto que se manifestam em alguma parte do corpo (lado inconsciente que se manifesta):

Será que entrarei em contato com minhas fraquezas, com quem realmente sou, com minha sensação de abandono, com minhas inseguranças?

O coach perceberá isso? Como será essa exposição?

Posso confiar nele? Até que ponto?

Quem ele pensa que é para achar que pode me ajudar?

Este processo é eficiente? E este profissional também? É confiável? Revelará o que foi dito na sessão a outros?

Quando tais dúvidas não se manifestam na forma de diálogo interno consciente, mas sim em sensações, o coachee sentirá desconforto em relação ao coaching e poderá se fechar, agindo, assim, de modo inconsciente, sem se dar conta disso. Ao ser questionado sobre como é fazer coaching, ele responderá que considera algo muito bom para si.

Por tudo isso, nesta etapa, cabe ao coach estar atento à comunicação não verbal do coachee e demonstrar que é um aliado na jornada de evolução do coachee rumo a ser o melhor que pode ser. A aceitação do coachee ocorrerá quando reconhecer tanto a competência técnica quanto pessoal do coach e os benefícios que o processo trará para ele.

Quando houver sintonia e uma saudável conexão na relação entre coach e coachee, ocorrerá geração de confiança e a consequente abertura deste a todas as possibilidades de um processo cujos objetivos serão alcançados. Muito mais importante do que ferramentas como grades, rodas, técnicas de perguntas poderosas e tantas outras representadas por siglas ou não, que, sem dúvida, são úteis, é estabelecer essa conexão que será determinante no sucesso do processo. Será obtida desde o primeiro contato, muitas vezes até antes, de acordo com as informações que o coachee tem do coach, e será ampliada ou não ao longo das sessões. Como obter essa conexão foi o tema abordado no capítulo 2.

Após todas essas etapas e antes da primeira sessão, alguns coaches estabelecem com seus coachees algumas tarefas que podem ou não ter a participação do contratante. Tais atividades podem incluir:

- *Leitura de um livro ou partes dele;*

- *Participação em um programa inicial de e-learning;*

- *Visualização de um vídeo que os estimule a realizar o processo de coaching;*

- *Avaliações comportamentais com ferramentas como DISC ou MBTI;*

- *Avaliações de perfil de personalidade com identificação de fatores motivadores e caminhos de desenvolvimento pessoal, como o eneagrama;*

- *Coleta de feedback 360 graus ou similar, conforme apresentado no tópico Da negação para a percepção e controle dos próprios comportamentos, emoções e pensamentos, em Desenvolvimento do Coach – Desenvolvimento Pessoal; é importante lembrar que qualquer coleta de informações sobre o coachee deverá ter o conhecimento prévio dele.*

Os benefícios dessas tarefas são:

- *Agilizar o processo ao gerar percepções do coachee que só seriam possíveis após algumas horas de coaching;*

- *Auxiliar o coachee a entrar em contato com aspectos inconscientes e que não se manifestariam ao longo do processo;*

- *Estimular o interesse e engajamento do coachee.*

As tarefas serão realizadas durante todo o processo. O aprendizado não ocorre apenas com a obtenção de conhecimento, mas, principalmente, ao exercitá-lo. Ao colocarmos em prática uma ação, adquirimos um outro nível de desenvolvimento. Por exemplo, compare quem somente estudou uma língua com quem a estudou e foi viver um período no país onde é falada.

Analise o quanto das sessões em que você atuou como coach foi utilizado para conquistar algo que poderia ter sido obtido com preliminares como as anteriores. Como os processos ficariam com sua utilização? Considere o que é possível mudar.

3

ETAPAS DO COACHING EXECUTIVO

SESSÕES DE COACHING

Coach e coachee se reúnem de forma presencial ou a distância para trabalharem juntos. Busca-se aqui sair da situação atual e chegar à desejada, vivenciando um estado interno de recursos e ampliando percepções. O número de sessões e a duração de cada uma delas podem variar significativamente de acordo com cada processo. Isso também ocorre com as técnicas empregadas que caracterizam vários tipos de coaching (ontológico, integral, com programação neurolinguística, sistêmico, eneacoaching®). Em muitos casos, a partir de uma estrutura seguida parcial ou integralmente, são utilizadas várias técnicas em um mesmo processo. Ouço muitos relatos de profissionais da área afirmando que desenvolveram uma técnica própria. Em uma pesquisa realizada com coaches executivos do mundo inteiro[3], verificou-se que 29% deles se enquadram nessa condição, enquanto 45% seguem um roteiro diferente que se adapta conforme o cliente e 26% um processo específico não desenvolvido por eles.

Ao estabelecer a conexão entre coach e coachee, outros itens que podem ser trabalhados em um processo são:

- *Centramento do coachee para que ele vá para o estado de máximo potencial dele (conexão com recurso);*

- *Alinhamento dos valores da empresa com os do coachee em relação à meta estabelecida e ao trabalho que será realizado;*

- *Associação com a meta realizada;*

---
[3] Sherpa Institute

- *Percepção da situação atual de forma ampliada;*

- *Comparação da situação atual com a situação desejada (meta);*

- *Estabelecimento das ações que levarão da situação atual para a desejada;*

- *Identificação, ressignificação e utilização de crenças e hábitos limitantes e possibilitadores;*

- *Aplicação de ferramentas voltadas a ampliação de percepção e geração do estado de recursos do coachee (perguntas, grades, rodas, matrizes etc.);*

- *Mensuração dos resultados obtidos.*

CENTRAMENTO DO COACHEE PARA QUE ELEVÁ AO ESTADO DE MÁXIMO POTENCIAL DELE (CONEXÃO COM RECURSOS)

Cada um de nós tem um potencial para gerar resultados desejados. Na metáfora inicial deste livro, mencionei alguns fatores que nos levam a operar ou não no melhor de nossas possibilidades. Coaching executivo não só lembra, mas também ajuda os líderes a permanecerem em seu melhor estado, que é o de equilíbrio e conexão com recursos. Tal processo contribui para que alguém opere no pico de suas habilidades.

Para atingir esse estágio, esteja atento ao estado emocional que o coachee se encontra no início da sessão. Ele pode ter acabado de sair de uma reunião péssima ou mesmo estar em um momento de forte pressão emocional, com sentimentos como raiva, medo ou desânimo intensificados. Também pode estar eufórico ou muito motivado por ter tido uma semana espetacular, de forma a permanecer desconectado do que o levará a obter melhores resultados. Tais oscilações de humor do coachee afetam sua capacidade de perceber melhor a realidade, podendo comprometer a sessão ou mesmo o processo inteiro quando esse estado se repetir encontro após encontro com o coach.

Quando a conexão é estabelecida e a sessão começa, faço três perguntas que me ajudam a verificar o quão pronto para um trabalho mais profundo o coachee está: "Como você se sente em relação a si mesmo?"; "Como você se sente em relação a mim?"; "Como você se sente em relação ao ambiente?".

A forma como o coachee reage e responde a essas perguntas é um ótimo termômetro do quanto está em conexão com o coach e pronto para um mergulho mais profundo ou não em questões pessoais.

Convidar o coachee a ir a um estado interno de recursos é outra forma de obter uma conexão de qualidade com ele e obter dele o que de melhor pode proporcionar.

Invista, portanto, para que o coachee vá para seu melhor. Iniciar uma sessão ou ir adiante com alguém que está em um estado de desconexão com o que tem de melhor a oferecer é tempo perdido.

Você se lembra do Carlos no capítulo 2 em "Estados Internos de Recursos"? Veja mais um exemplo da vida real.

CASOS DE
coaching

QUER UM EXEMPLO DO QUE PODE ACONTECER EM UMA SESSÃO QUE VAI EM FRENTE COM UMA COACHEE DESCONECTADA DO SEU MELHOR? ACREDITO, ENTÃO, QUE O RELATO A SEGUIR IRÁ TE INTERESSAR.

Em uma das supervisões de coaching que fiz, um coach me relatou a sessão que ele tinha tido com uma de suas coachees, executiva de uma empresa de seguros.

Suzana atuava em uma empresa brasileira que havia dois anos tinha sido comprada por um grande grupo europeu. O diretor de sua área a considerava uma profissional muito competente e uma das pessoas com mais possibilidades de assumir, em um período de três a cinco anos, o lugar dele. Suzana era uma líder perfeccionista. Quando percebia que algo estava em desacordo com os padrões que considerava corretos, sentia raiva. Estava trabalhando essa característica no coaching e buscava opções de melhora, uma vez que a relação com sua equipe não ia bem. Seus liderados questionavam se o nível de qualidade exigido por ela era realmente necessário e se não estaria gerando custos excessivos para se executar algo em um patamar que não o solicitado pelos clientes.

Na sessão em que seu coach trabalhou comigo, Suzana apresentou-se após uma reunião com um cliente. Depois de muito relutar, ela permitiu que sua equipe apresentasse a ele um projeto com um nível de qualidade que ela considerava, ao contrário dos demais envolvidos no trabalho, abaixo do esperado. O cliente rejeitou o projeto e ela se sentiu muito mal com a recusa. Suzana acreditava que uma das pessoas de sua equipe queria tomar seu lugar e tudo aquilo tinha sido uma manobra para ela perder o posto que ocupava. Nesse estado, ela se dirigiu à sessão de coaching.

Foi muito fácil perceber como ela se sentia ao chegar à sessão. Bastante alterada, começou a comentar o ocorrido e seu coach, sem ajudá-la a ir para um estado centrado onde se conectasse ao seu potencial máximo, fez várias perguntas para ela analisar as várias possibilidades de percepção do que havia ocorrido e, com isso, aprender mais e assumir novos comportamentos com essa experiência. O trecho a seguir é uma transcrição de uma parte da sessão.

Coach: "Coloque-se no lugar desta pessoa da sua equipe (era quem ela acreditava que queria seu lugar). Ao fazer isso, responda: 'O que a motivou a ter tido esse comportamento?'".

Suzana (representando o papel de seu liderado): "Sou uma pessoa sem caráter e pessoas como eu buscam destruir os outros. É o que quero que aconteça com Suzana!'".

Coach: "Quais benefícios o ocorrido traria para a equipe?".

Suzana: "A equipe sabe que é incompetente, portanto tem que prestar mais atenção ao que digo!".

Foi fácil perceber que a sessão não surtiu efeito nesse contexto, a não ser alimentar ainda mais a raiva de Suzana. Ela estava em um estado emocional que não lhe permitia responder às técnicas do coaching.

No início das sessões, é essencial dedicar alguns minutos para que o coachee vá para o melhor estado interno possível. Verifique o ambiente de atendimento, a decoração e tudo o mais que compõe o local em que ele trabalha. Esse espaço convida a um estado diferente onde haverá equilíbrio e abertura a novas percepções? Trabalhe nisso também. Use tudo o que for possível a favor desse processo. As práticas apresentadas no Capitulo 2 são bons caminhos também.

Há técnicas que ajudam as pessoas a passarem para um estado de centramento conectado a seu potencial máximo. Algumas ações são simples e farão diferença nos processos que você estiver conduzindo. Dependendo da pessoa com quem estiver trabalhando, cada atividade proporcionará resultados diferentes. Caso algo específico não funcione com alguém, mude de atitude. Evite insistir naquilo que não gerou o resultado desejado. Vá para algo diferente. Lembre-se de que coaching nos ensina a seguir várias opções.

Há coaches que mantêm o ambiente com uma música tranquila ao fundo, o que é um verdadeiro convite a se manter em um estado mais relaxado e possibilitador (isso teria ajudado muito Suzana). Quando o coachee chega à sessão, o coach pede licença por dois ou três minutos e sai da sala, deixando-o ouvir essa música. É um pequeno intervalo que se mostra poderoso.

Em um dos espaços que atendo há um jardim muito agradável e acolhedor. O coachee ao chegar para a sessão é encaminhado para esse local onde é servida uma xícara de chá ou café. Eu me encontro com o cliente lá uns cinco minutos depois que ele chegou e o levo para a sala de atendimento.

A partir daí, trabalhe de forma que a conexão com esse novo estado seja mantida, pedindo que o líder, no estado proporcionado pelos tipos de perguntas anteriores, observe a situação com a qual está trabalhando. Quem entra em cena é o líder que supera de forma competente grandes desafios ou o que constrói um futuro ideal, por exemplo. As sessões serão etapas de prática disso, com as quais será construída uma base incorporada. O líder deve levar esse estado de conexão com seu melhor para seu dia a dia, lidando de forma diferente com os desafios e oportunidades de sua gestão. Em outras palavras, deve ser o melhor que pode ser.

Outra forma é simplesmente perguntar qual é a maneira com a qual o coachee vai para o seu estado de conexão com o seu melhor. Caso ele tenha uma convide-o a fazê-la.

Assim, caso tivesse passado por todo esse processo, Suzana não teria acessado a raiva da forma que a acessou e teria capacidade de perceber os aprendizados que a situação gerou e usá-los. Poderia pensar em reunir-se com sua equipe e trabalhar o ocorrido, pedindo que cada colaborador dissesse o que fazer, para, então, obter resultados diferentes alinhados com as metas do departamento. Estaria considerando que o que ocorreu foi parte do desenvolvimento de sua equipe e, como líder, deveria saber em que momentos tais riscos poderiam ocorrer em prol desse desenvolvimento. Ao olhar para as pessoas que trabalham com ela, teria em mente que não obter um resultado desejado é diferente de ser incompetente e, muitas vezes, isso é necessário na evolução das pessoas, desde que utilizado de forma adequada.

Tais práticas de centramento podem incluir atividades físicas, principalmente as aeróbicas, como correr, nadar, andar de bicicleta, caminhar, meditar, dançar, cantar, apenas para citar algumas. Cada um encontrará seu caminho nessa jornada de desenvolvimento.

A prática de novas atividades deve buscar uma postura diferente em relação à vida. Suponha que um executivo extremamente competitivo, comportamento que o leva a viver em um estado de constante pressão, decida correr para iniciar alguma atividade física. Contudo, ao começar essa nova prática, ele o faz de forma igualmente competitiva, buscando superar recordes e ser melhor do que os outros. Sua energia interna continuará exatamente a mesma. Exercícios incrementam o desenvolvimento pessoal, pois equilibram a parte física, mas, no caso do executivo, não ocorrerá a transformação necessária no estado interno de máximo potencial. O que você faria nesse caso como coach?

E seu estado, como coach, como está? Para estimular alguém a ir a um estado de potencial máximo, é necessário que você esteja lá e possa mostrar o quão interessante e possibilitador é esse estado. O que você precisa fazer para estar no seu melhor em uma sessão? Pense e invista nisso. Ações simples relacionadas anteriormente podem ser aplicadas a você também, caso ainda não conheça seu próprio caminho. Além disso, quanto mais tiver caminhado no seu processo de desenvolvimento pessoal, mais se conectará ao seu melhor como coach durante as sessões.

ALINHAMENTO DOS VALORES DA EMPRESA COM OS DO COACHEE EM RELAÇÃO À META ESTABELECIDA E AO TRABALHO QUE SERÁ REALIZADO

Assim como para Estabelecimento da meta, esta etapa normalmente ocorre durante uma reunião com os quatro participantes do processo (coach, coachee, gestor e contratante). Realizar essa etapa em conjunto é um indício da qualidade e transparência da relação entre os envolvidos, contudo, se não for possível, reuniões separadas deverão ser realizadas. Nesse caso, o coach deve estar muito atento a não se tornar um portador de recados entre os demais participantes. Contribuir para que a comunicação entre eles flua é um dos benefícios que o coaching proporciona.

Conforme escrevi na introdução, quando menciono a palavra valores, refiro-me ao que é importante para alguém. Valor pode significar reconhecimento, honestidade, sucesso, liberdade, segurança, prazer, paz, tranquilidade, respeito, só para citar alguns exemplos. É possível continuar essa listagem e fazer uma extensa relação. Quais são seus valores? Ao se realizar tal pesquisa com executivos, coaches e profissionais de Desenvolvimento Humano, a questão dos valores foi uma das que mais se destacaram e inúmeros foram os relatos de insatisfação ou discordância em relação ao que ocorre atualmente nas empresas e como isso interfere não só na qualidade de vida, mas também nos resultados da equipe. Considerar valores não é apenas uma questão de considerar o ser humano, como se isso já não fosse suficiente. É uma questão de ser eficiente ao gerir uma empresa, divisão ou departamento.

É interessante verificar que para um mesmo valor podem surgir comportamentos diferentes. Suponha um líder que tenha como valor principal a segurança. Ele pode demorar para tomar algumas decisões ou mesmo se manter em um emprego insignificante. Um outro líder pode igualmente ter a segurança como valor principal e, justamente por causa disso, mudar de emprego, pois percebe que onde está não conseguirá ter a motivação necessária para ser eficiente e, por isso, correrá o risco de ser desligado da empresa.

Qualquer um de nós pode concordar em seguir um caminho no qual há decisões com as quais não concorda. Assim, podemos ter uma opinião sobre qual é a melhor estratégia para se conquistar um segmento de mercado e esta não ser aprovada. Contudo, quando nossos valores fundamentais, ou seja, aqueles dos quais não abrimos mão, não são respeitados, daí não há como continuar.

Assim, se honestidade é um valor para alguém e a empresa decide agir de forma desonesta para conquistar um segmento de mercado, não terá como esse funcionário continuar no local de trabalho. Tal questão deve ser muito bem trabalhada no coaching, não só em relação à meta final, mas também em relação à jornada. Considere que saúde e família são valores para você e sua meta é se tornar o presidente da empresa em cinco anos. Nesse período, para atingir seu objetivo, você passará a trabalhar 80 horas por semana, viajará constantemente, abandonará qualquer atividade física e se distanciará da família. No final de dez anos, você atingiu seu objetivo e se tornou o presidente da empresa. Só que sofreu um infarto, perdeu os amigos e divorciou-se. Você não respeitou seus valores (saúde, seja física ou emocional, e família) durante essa jornada, percebeu que não está feliz e que tudo isso não valeu a pena. Mesmo que não perceba conscientemente essa situação, isto interferirá em seu dia a dia e sensações desconfortáveis estarão presentes. Trata-se do famoso: "Cheguei lá e parece que não era exatamente isso que eu esperava!".

Nesse momento, faz diferença perguntar:

O que você perderá ao atingir a meta?

Do que você terá que abrir mão para atingi-la?

Como é isso para você?

Outras perguntas, todas em sequência, que identificam valores são:

Quais foram seus momentos profissionais mais importantes para você?

O que esses momentos proporcionaram?

O que você ganhou com isso (resposta à pergunta anterior)?

O que isso te trouxe?

A sequência de perguntas levará o coachee a acessar vários valores até que chegará um momento que as respostas começarão a ser repetidas.

Como coaches, devemos ajudar nossos coachees a encontrarem formas de atingirem as metas respeitando seus valores mais importantes. É possível também buscar o valor principal quando há algum conflito. Por exemplo, o profissional do exemplo anterior tinha a segurança como valor principal e não queria assumir uma postura mais ousada, muitas vezes fundamental nos negócios. Suponhamos que para ele o reconhecimento de terceiros seja um valor mais alto ainda. Então, poderá assumir determinados riscos com o objetivo de melhorar a imagem.

ASSOCIAÇÃO COM A META REALIZADA

Associação é um termo utilizado ao se entrar em uma situação. Quando escrevo associação com a meta realizada, refiro-me a ajudar o coachee a perceber a situação desejada. Quanto mais for capaz de senti-la (a palavra é sentir mesmo e não imaginar ou pensar), maior será a energia com a qual trabalhará no processo.

Quando uma meta é percebida dessa forma, ou seja, como algo que faz parte de mim, e não como algo distante que buscarei, tem a possibilidade de ser realizada e aumentada significativamente. Quando nos concentramos e energizamos o "o quê", "o como" acaba por aparecer. Trabalhe isso com seus coachees. Processos que vão diretamente para o "como", sem terem energizado o "o quê", têm alta probabilidade de não serem efetivos.

CASOS DE *coaching*

QUER VER UM EXEMPLO DE UMA SESSÃO REAL ONDE O "COMO" VEIO ANTES DO "O QUÊ" E O QUE ISSO GEROU PARA A SESSÃO? A SEGUIR EM UM TEXTO BEM RÁPIDO.

Coach: "O objetivo a ser trabalhado e que foi alinhado por todos é que você dedique pelo menos 25% do tempo no desenvolvimento de sua equipe. É isto?".

Coachee: "Sim, é isso mesmo".

Coach: "O resultado esperado é que, até o final deste ano, haja um profissional da sua equipe preparado para assumir sua função. Correto?".

Coachee: "Exato!".

Coach: "Como fará para equilibrar todos os outros objetivos que tem, uma vez que terá 25% do tempo já comprometido?".

Coachee: "Não tenho ideia! Espero que você me mostre como".

Coach: Se você tivesse ideia, o que seria?

Coachee: Continuo sem conseguir pensar em nada.

É a isto que me referi quando mencionei colocar "o como" antes do "o quê". A pergunta sobre como fazer foi feita sem que o coachee tivesse a associado à meta realizada.

Veja um outro exemplo do coachee colocando "o como" antes do "o quê" na reprodução do diálogo interno dele.

Minha meta é que esta empresa utilize desenvolvimento humano como uma das áreas de geração de diferencial competitivo" (o quê). Mas como farei isto? Aqui, não há a mínima abertura para isso e não percebo como mudar tal postura dos donos ou acionistas.

Quando ouço esse tipo de afirmação, costumo levar para um lado mais divertido e responder: "Esta sessão só lhe dá direito ao 'o quê'. Vamos trabalhar intensamente isso. Para trabalhar 'o como', você terá que contratar outra sessão".

Há várias formas de ajudar o coachee a focar no "o quê". A metáfora visual, mencionada anteriormente em Estabelecimento da meta, é apenas uma delas. Perguntas são outra opção, pois devem ajudar o coachee a considerar e sentir como será a situação desejada quando a meta tiver sido realizada. Veja alguns exemplos:

Considere agora que sua meta foi realizada e você está, neste momento, em algum lugar do futuro. Quem são as pessoas que trabalham com você?

Quem são seus clientes? O que dizem de você? Do ambiente de trabalho? Do que fazem? Como é o local onde você trabalha? O que possui? (pode ser o escritório, a cidade, os clientes que visita, entre outras opções).

O que você faz? Nesse contexto, quais são suas atividades em um dia normal? Que capacidades tem agora? Quais foram as que você adquiriu?

Quais recursos (conhecimentos, experiência, pessoas, modelos – quem já fez ou conhece o que você quer fazer ou ser quem você quer ser, tempo, equilíbrio emocional, coragem, determinação, resiliência, habilidades, equipamentos, softwares, só para citar alguns – perceba que os recursos podem ser internos, ou seja, características pessoais do líder, ou externos) você tem (ou desenvolveu) e utiliza?

No que você acredita agora e é possibilitador (contribui para atingir suas metas atuais)?

O que é importante para você? Quais são seus valores?

Se tivesse que descrever com uma metáfora a si próprio no contexto em que está agora, qual escolheria? Há coachees que escolhem um lugar para descreverem quem são, um livro, uma pessoa famosa ou não, algo (um farol, um caminho etc.), um animal ou um gesto. Uma descrição do tipo "sou um empresário com 50 anos de idade, casado, brasileiro, formado em Administração de empresas" diz muito menos do que uma metáfora: "Sou uma águia que mantém o foco no que quer e quando localiza uma oportunidade, alcança-a com precisão".

A que missão você está conectado neste momento?

Como seu momento atual se conecta com algo maior que está acima disso tudo?

O que sente agora?

Ao ouvir tais perguntas, é fundamental que o coachee esteja em um estado de equilíbrio profundo e sua conexão como coach com ele deverá estar em alto nível. Dessa forma, ele conseguirá viver plenamente a situação da meta realizada. Será como se estivesse no futuro. Dê todo o tempo necessário entre uma pergunta e outra para o cliente vivenciar a experiência. Aqui as respostas não são importantes. O que é importante é que o cliente faça uma viagem ao futuro e viva como será realizar a meta. Esteja também atento à linguagem. Se o coachee estiver cinco anos à frente no tempo, ele deverá se referir a esse momento como se fosse o presente. Então, deverá dizer: "Estou rodeado de pessoas que sorriem para mim. Acabamos de conquistar uma de nossas metas", em vez de "Estarei rodeado de pessoas que sorrirão para mim quando conquistarmos nossas metas".

Tal procedimento também se aplica ao coach que perguntará:
"Quais competências você adquiriu desde aquele processo de coaching no passado até hoje (momento em que a meta de longo prazo foi atingida, ou seja, cinco anos depois que o processo de coaching foi iniciado)?, em vez de "Que competências você adquirirá nos próximos cinco anos de forma a atingir sua meta?".

Você pode convidar o coachee a fechar os olhos durante esse exercício, visto que a associação à meta realizada será mais intensa, gerando melhores resultados finais.

PERCEPÇÃO DA SITUAÇÃO ATUAL DE FORMA AMPLIADA

Se nos restringirmos apenas ao que conseguimos perceber de uma determinada situação, teremos uma percepção limitada da realidade. É por meio do contato com a opinião dos outros e de nossa receptividade que temos a oportunidade de enriquecer nossa interpretação da realidade. Isto é válido para o que sabemos de nós mesmos e dos outros. Aliás, esses últimos conseguem ver coisas em nós que não conseguimos enxergar. Da mesma forma, conseguimos perceber neles coisas que eles não enxergam, as quais muitas vezes nos parecem tão óbvias! Pedir e dar feedback é um ótimo caminho para ampliarmos nossa percepção da realidade requisito fundamental do coaching. Lembre-se, quando ampliamos a percepção da realidade, entramos em contato com opções até então ignoradas e aumentamos a possibilidade de atingir nossos objetivos.

No entanto, chama a atenção o número de líderes que não pedem nem dão feedback. Não se trata de conhecer a técnica de como dar ou pedi-lo, mas dos fatores emocionais relacionados a isso. Em outras palavras, feedback não é pedido, feedback honesto não é dado, não por não se saber como o fazer, mas sim por receio ou interesse. Algumas boas perguntas para os líderes aqui são:

O que significa para você pedir feedback?

Com que frequência você pede feedback?

Qual foi a última vez que você pediu feedback?

O que acontecerá se você pedir feedback?

Como você reagiu aos feedbacks que recebeu?

O que significam para você?

O que seus pares/equipe/clientes dizem de você quando não está por perto?

O que percebem em você que você não percebe?

Ao ampliarmos nossa percepção, entraremos em contato com um lado nosso que não percebemos, mas que é óbvio aos outros. Moscovici[4] descreve esse lado como "o eu cego" composto, principalmente, de nossos comportamentos sob tensão, nossas reações agressivas em relação a subordinados, nosso desprezo por aqueles que discordam de nós e nossa incapacidade de realmente perceber nossos pontos a melhorar. Somos muito críticos com o comportamento dos outros, sem perceber o quanto nos comportamos da mesma forma.

Coaching tem um papel fundamental nesse contexto, pois nosso desenvolvimento passa pelo autoconhecimento. Quando baseamos a percepção de nós mesmos apenas no que conseguimos sozinhos observar, esta será limitada. Lembre-se de que há mecanismos de defesa que todos nós temos e que nos impedem de acessar várias outras partes nossas. Autoconhecimento limitado leva a desenvolvimento pessoal limitado, que leva a desempenho limitado. Para muitos executivos, isso tem se tornado um grande desafio. Afinal, chegaram ao topo da pirâmide do jeito que são e estão orgulhosos disso. Para alguns, perceber e, principalmente, reconhecer a necessidade de melhorar é sinônimo de fraqueza, o que pode ser fatal no mundo dos negócios. Muitos foram treinados por décadas a transmitir a imagem de alguém perfeito ou próximo disso e, mesmo que inconscientemente, não aceitam as próprias falhas. Então, perguntam-se: "Como assim, pedir feedback?".

O coach deve estar atento a esse tipo de caso, pois o coachee também pode querer indicar os pontos que devem ser melhorados dos outros. Quando tal situação ocorre, digo: "Você (líder, executivo, coachee) é a parte principal do processo" e peço que ele trabalhe, naquele momento, o que pode melhorar em si mesmo e não nos outros.

Perceba a importância da qualidade de conexão entre coach e coachee tratada anteriormente, pois será fundamental nesse contexto. Ajude-o a descobrir os pontos cegos dele. Como coach, tenha cuidado para você não acredite que ele tenha que obrigatoriamente perceber que tem que pedir feedback aos

---

[4] Fela Moscovici. Desenvolvimento interpessoal - Treinamento em grupo. Rio de Janeiro: José Olympio, 2008.

outros. O caminho do coachee é ele que percorre. Você apenas ilumina esse caminho como se fosse uma lanterna. Quem vê e define o que aparece a partir daí não é você.

Tive coachees que se comportavam de maneira oposta e pediam feedback em demasia, o que criava um ambiente onde todos opinavam o tempo todo, havendo comunicação ineficaz e procrastinação na tomada de decisões. Da mesma forma, aqueles que dão muito feedback com a intenção de serem honestos e transparentes podem passar a impressão de serem pessoas com exagerado apego às próprias convicções, além de desestimularem os outros a darem as próprias opiniões. Na maioria das vezes, o que recebem são informações selecionadas e parciais, o que só aumenta "o eu cego".

Feedback desonesto também ocorre quando quem o recebe inicialmente demonstra não concordar com ele e reage com resistência por não estar preparado emocionalmente. Nesse momento, muitos líderes insistem no processo, comprometendo ainda mais o resultado que se deseja obter. O equilíbrio entre dar e pedir feedback, duas ações importantes e necessárias, gera transparência e, ao mesmo tempo, empatia com os outros. O líder passa a ter um comportamento assertivo com sua equipe, melhorando a qualidade da comunicação entre todos os envolvidos. Coaching ajuda o líder a estabelecer esse padrão de comunicação, contribuindo com o desenvolvimento de um nível de equilíbrio adequado e a superação de eventuais resistências iniciais daqueles que possam perceber esse tipo de comportamento de forma defensiva.

Um interessante exercício a ser feito, além do feedback, é convidar o coachee a se colocar no lugar de outra pessoa em um relacionamento e, a partir daí, ampliar as percepções dele.

CASOS DE
coaching

SE VOCÊ ESTÁ PENSANDO: "HUUUM... UMA TÉCNICA ESPECÍFICA PARA CONVIDAR O LÍDER A SE COLOCAR NO LUGAR DE UMA OUTRA PESSOA PODE SER INTERESSANTE. SERÁ QUE É IGUAL AO QUE EU JÁ FAÇO?" ENTÃO LEIA O CASO DO AUGUSTO. FOI UMA EXPERIÊNCIA BEM ENRIQUECEDORA PARA OS ENVOLVIDOS!

Augusto não era um líder, mas sim um executivo de contas, ou seja, um dos profissionais responsáveis pelas vendas aos maiores clientes da empresa.

Augusto trabalhava em uma empresa que vendia equipamentos para bancos. Seus clientes eram as maiores empresas do país, seja em faturamento, seja em lucro. Ele estava participando de um processo de coaching para se tornar o melhor profissional que poderia ser durante tais visitas. Um dos principais pontos desse processo era ele se sentir à vontade com as pessoas que visitava, afinal elas tomavam decisões que envolviam enormes valores financeiros e milhares de pessoas. Era fundamental ele se sentir na posição OK/OK.

Em uma das sessões, estávamos preparando a próxima visita que ele faria ao seu cliente, vice-presidente de uma dessas instituições financeiras. Ao perguntar quais eram as necessidades de seu cliente, Augusto rapidamente me respondeu: "Serviços e produtos de qualidade a um preço competitivo", resposta que não parecia criar nada de novo em termos de ampliação das percepções de Augusto.

Estávamos sentados em volta de uma mesa com várias cadeiras. Augusto estava na cabeceira e eu, ao lado dele, em um dos lados da mesa. Pedi que escolhesse uma cadeira vazia onde ele colocaria o vice-presidente da empresa-cliente. Depois, pedi que ele respirasse profundamente, três vezes, e, ao terminar, que se levantasse e fosse sentar na cadeira escolhida. Disse-lhe: "Quando isso acontecer e você se sentar naquela cadeira, você será seu cliente! Você será ele!".

Augusto respirou lenta e profundamente três vezes, levantou-se e sentou-se na cadeira. Ao fazê-lo, sua expressão se transformou e eu lhe perguntei: "Olá, Maciel (o nome do vice-presidente). Sei que você ocupa uma posição importante. Qual é seu cargo?". Em seguida, continuei fazendo outras perguntas que eu sabia que Augusto conhecia as respostas. Apesar de Augusto estar lá, o tempo todo conversava com ele como se estivesse conversando com Maciel. A minha intenção ao fazer perguntas contextuais do tipo: "Há quanto tempo você trabalha aqui?", "A quem você se reporta?", "Qual é sua formação?", era que o Augusto se acostumasse ao novo papel que ele representava naquele exercício. Igualmente importante é que o coach preste atenção à sua linguagem e à do coachee. No momento em que a pergunta se dirigir a Maciel, o pronome utilizado deverá ser "você" ou "senhor". Da mesma forma, quando a pergunta for sobre Augusto, o pronome usado será "ele". Por exemplo: "Há um profissional que o visita sempre, o Augusto. Como é a relação com ele?".

Quando o coachee está à vontade no papel da outra pessoa, chega o momento de fazer perguntas mais importantes, ou seja, aquelas que trarão novas percepções: "Como é sua relação com o presidente do banco?"; "O que é realmente importante para você em relação a este fornecimento?".

Nesse caso, Augusto, na posição de Maciel, respondeu: "Eu e o presidente deste banco fomos colegas de colégio, ainda crianças, e desde aquela época o admirava e confiava nele. Para mim, é fundamental manter essa confiança, o que se reflete em minhas decisões no banco. O fornecimento de produtos tem que estar alinhado com esse preceito".

Tal resposta surpreendeu o próprio Augusto. Exploramos outros aspectos relevantes e, ao terminar esse exercício, pedi-lhe para retornar à sua cadeira e voltar a ser ele mesmo. Ao retornar, ele falou: "Isto muda tudo na preparação de minha visita".

Nesse tipo de exercício, podemos usar outras opções de papéis, como uma terceira pessoa que pertença ao mesmo ambiente ou não. São várias as possibilidades de ampliar percepções ao representar os mais diversos papéis. O efeito dessa dinâmica foi tão intenso para Augusto que, um ano após essa sessão, encontrei-o em um shopping center e ele, ainda empolgado, comentou:

"João, até hoje me lembro daquele exercício que fizemos. Foi transformador para mim!".

Em uma de minhas primeiras entrevistas para levantar dados para este livro, conversei, em Lisboa, com João Rosa de Carvalho, diretor-geral da PT Pro, empresa do Grupo Portugal Telecom. Ao falar sobre qual seria o maior desafio que um executivo poderia enfrentar, ele mencionou que era estabelecer objetivos. À primeira vista, confesso que tal declaração chamou minha atenção, pois essa atividade me parecia ser função básica desses profissionais. Contudo, ele me explicou: "É claro que não me refiro às regras para elaborar objetivos como SMART[5], mas sim a obter as melhores informações para, com uma percepção adequada da realidade, traçar os objetivos".

É comum as pessoas acreditarem que os líderes, principalmente os de alto nível hierárquico, têm informações privilegiadas. No caso do presidente, dados que ninguém mais na empresa tem. Tal fato não deixa de ser verdadeiro. Há alguns que só ele tem. Dependendo do assunto, como determinadas questões internas, ele sabe mais do que as pessoas possam imaginar. Por outro lado, líderes são frequentemente informados por dados não isentos de julgamentos, interesses políticos e fatores emocionais.

O que leva a isso? O caso de uma empresa onde realizei um trabalho de consultoria, que trabalhava com fabricação e distribuição de vários produtos de escritório e, durante muitos anos, teve participação destacada no mercado em que atuava, pode ajudar a responder a essa questão. O principal executivo da empresa, que ocupava o cargo de diretor-geral, possuía um porte físico avantajado. Seus 130 quilos distribuídos em 1,90 metro o tornavam uma figura imponente, ao mesmo tempo competente ao motivar pessoas. Os que lá trabalhavam o admiravam e respeitavam-no.

Por outro lado, essa empresa assumiu operações de alto risco estratégico, os quais, durante bom tempo, geraram ótimos retornos para todos, uma vez que a maioria dos funcionários trabalhava com vendas comissionadas. Também era reconhecida no mercado por estar realizando um ótimo trabalho. Até que chegou um momento em que o risco, associado a más decisões operacionais, provocou mudanças nos resultados. O fato de empresas enfrentarem dificulda-

---

[5] SMART são as iniciais das palavras specific, measurable, attainable, relevant e time-bound que, em português, significam "específico", "mensuráveis", "atingível", "relevantes" e "orientado no tempo". Esse termo apareceu em um artigo de George T. Doran, em 1981 (Management Review, AMA Forum).

des e não alcançarem suas metas é algo comum. A diferença está na reação às situações indesejadas. Por uma questão de personalidade, o diretor-geral não levou em consideração o que estava acontecendo. Agia de forma a minimizar o que ocorria e desqualificava os poucos que manifestavam opiniões contrárias à sua. A maioria dos funcionários, mesmo os que percebiam os perigos envolvidos e o rumo que a empresa estava tomando, não só continuou apoiando o diretor-geral, mas também apresentou argumentos a favor da estratégia que era seguida. Vários foram os motivos para tomarem uma atitude como essa:

- *Muitos ficaram cegos com os bons resultados e não queriam enxergar outras possibilidades.*

- *Alguns pensaram que, naturalmente, a situação indesejada seria resolvida de alguma forma (se o diretor-geral tinha o controle da situação e não estava preocupado, não havia por que agirem diferente).*

- *Outros perceberam que a situação era grave, mas queriam tirar o máximo de proveito desse momento enquanto durasse, pois era-lhes favorável financeiramente.*

- *Muitos tinham cargos-chave e amigos que os apoiavam envolvidos em algumas das decisões que levaram aos resultados indesejados.*

- *Alguns tinham medo de dar más notícias ao diretor-geral, visto que ele era ríspido com quem lhe contrariava.*

Em razão do que ocorria, a empresa foi perdendo a saúde financeira, o que passou a limitar suas opções de ação e possibilidades no mercado. Algumas vozes com opiniões fidedignas voltaram a surgir e foram igualmente tratadas com descrédito e, em alguns momentos, ridicularizadas. Quando todos perceberam a gravidade da situação, era tarde demais e a empresa faliu.

Nesse caso, coaching executivo poderia ter trabalhado alguns aspectos importantes dessa questão com o líder e tê-lo ajudado a:

• Avaliar a qualidade das informações que tinha em comparação com a qualidade necessária para uma tomada de decisão ideal para a empresa dele.

> **Quais são as fontes para você opinar sobre esse tema?**
>
> **Além de você, quem mais foi consultado e teve a opinião levada em consideração?**
>
> **A cultura e a estrutura hierárquica da empresa dificultam ou favorecem a comunicação com você?**

• Olhar para si mesmo e perceber o quanto conseguiria ser eficiente, analisando o cenário sozinho em comparação a fazer isso com outras pessoas com quem pudesse trocar ideias.

> **Qual é sua opinião sobre líderes que não têm todas as respostas?**
>
> **O que acontecerá se seus liderados perceberem que você não tem todas as respostas?**
>
> **O que você faz para que eles saibam que você não tem todas as respostas?**
>
> **Qual é o preço que se paga por acreditar que os líderes devem ter todas as respostas?**
>
> **Onde você encontra informações que enriquecerão sua percepção sobre a situação atual? O que ou quem pode ajudá-lo?**

• Escolher as pessoas adequadas que serão seus consultores, conselheiros ou mentores nesse contexto, o que significa, em muitos casos, aqueles que não seriam escolhidos naturalmente. Significa também criar um ambiente onde tais pessoas se sintam seguras para manifestar opiniões, sem medo de serem marginalizadas ou punidas pelo que disseram. Por serem seres humanos, os líderes terão pontos fortes e pontos a desenvolver. Uma virtude daqueles que se destacam é ter na equipe pessoas com diferentes perfis e, principalmente, aqueles cujos pontos fortes são os que eles necessitam desenvolver. Normalmente, escolhem para estar perto de si pessoas de que gostam e com as mesmas opiniões que as deles. Incentivar o coachee a escolher outras pessoas pode ser uma característica essencial em um processo de coaching executivo.

• *Quais são as opiniões contrárias às suas que você leva em consideração ao tomar uma decisão?*

• *Quem são as pessoas que emitem tais opiniões e a quem você dá ouvidos regularmente?*

• *Com que regularidade você estimula as pessoas a discordarem de você? Qual foi a última vez que fez isso? De que modo?*

• *Como você se sente ao ser contrariado no ambiente profissional?*

• *Que nota as pessoas de sua equipe dão à liberdade de expressão na sua empresa ou divisão? Como você sabe disso?*

• *Qual foi a última vez que admitiu à sua equipe que uma atitude, decisão ou opinião sua foi responsável pela obtenção de um resultado não desejado? Com que frequência isso acontece?*

• *Quando foi a última vez que solicitou às pessoas de sua equipe que indicassem pelo menos um ponto a melhorar (com sugestões de solução) no seu desempenho ou nas suas decisões?*

• *Como os colaboradores de sua equipe recebem as críticas que você faz?*

• *Se sua crítica é uma afirmação, que pergunta você pode utilizar para substituí-la[6]?*

• *Quais são as pessoas de sua equipe que você ouve com frequência, cujos pontos fortes são exatamente seus pontos a desenvolver?*

COMPARAÇÃO DA SITUAÇÃO ATUAL COM A SITUAÇÃO DESEJADA (META)

A percepção ampliada da situação atual em relação à meta é bastante importante, não só para determinar os primeiros passos a dar, mas também durante a jornada, uma vez que há sempre situações que são verdadeiras distrações para sair da rota e que não levam ao objetivo final desejado. Sem isso, desconecta-se

---

[6] Por exemplo, substituir "o orçamento deste ano não permite este investimento" por "como vocês farão para lidar com as questões financeiras desta proposta?".

do grande cenário e fica-se nas questões do dia a dia. Perde-se a conexão com o grande potencial que cada pessoa tem e contratempos que impossibilitam que cada um opere no seu melhor estado roubam a cena. A grande meta final fica de lado, esquecida, correndo o risco de não ser atingida. No dia a dia, há várias situações emergenciais e determinadas ações nos fazem acreditar que estamos seguindo o rumo certo, quando, na verdade, o que acontece é exatamente o contrário. O coachee poderá perceber isso depois de muito tempo. Não adianta acelerar com toda a energia, se você está indo na direção errada. Quanto mais rápido e longe for, mais terá se afastado de onde queria chegar. Coaching desempenha um importante papel ao ajudar o coachee a perceber o que realmente é importante e faz diferença.

Costumo utilizar algumas perguntas muito potentes quando desejo ajudar o coachee a avaliar se está conectado ao seu melhor e rumo aos objetivos desejados:

> **Seu comportamento o aproxima ou o afasta de seu objetivo principal?**
>
> Uma pessoa que chega ao objetivo desse processo age de que forma nessa situação?

A constante observação dos resultados obtidos convida o coachee a aprender com as próprias ações e a mudar o que está o levando aos resultados não desejados, ou seja, distanciando-o de sua meta. Ele será um especialista em analisar sua própria evolução. Ao analisar o tema comunicação, como exemplo do que está sendo trabalhado em um processo, isso significa, com base nas ações de feedback definidas, considerar o que aconteceu. Por exemplo:

Qual foi a reação da equipe?

Houve mudanças de comportamento que levaram à meta desejada ou as pessoas reagiram defensivamente ao feedback dado?

Você passou a pedir menos ou mais feedbacks?

Como tem reagido aos feedbacks que pede e recebe?

Tudo isso o aproxima ou o afasta de sua meta?

Qual é o aprendizado que isso lhe proporcionou?

O que fará a partir de agora (com esse conhecimento)?

Quando os resultados atingidos não são os desejados, é importante o coachee encontrar e adotar comportamentos e recursos alternativos, ou seja, operar com várias opções. Quando menciono encontrar recursos ou comportamentos alternativos, não me refiro às possibilidades que os envolvidos no processo sabem que existem, mas não as adotam. Refiro-me àquelas utilizadas quando necessário. Assim, se trabalho com um líder que pode assumir riscos, mas, ao se deparar com uma situação que lhe exige ousadia, continua procrastinando a tomada de decisão, então considero que ele não tem essa opção. Para ele, é como se não existisse audácia. Nesse momento, ter a opção é ser ousado. Perceba isso em você também:

> **Quais são as opções que você conhece, mas não as adota?**
>
> O que o está impedindo?
>
> **O que aconteceria se adotasse tais opções?**

Quando fatores emocionais estão presentes, podemos repetir comportamentos que nos levam ao que não desejamos. Muitas vezes questões simples passam a ser observados pela primeira vez ou de uma nova forma. Lembro-me de um processo com um gestor de novos produtos, em uma distribuidora de bens de consumo, que, ao perceber um aspecto simples da operação exclamou: "Não acredito que estamos pagando um coach para eu perceber isso", para, logo em seguida, completar: "Contudo, essa percepção fez toda a diferença".

Nesse processo, as chances de sucesso serão maiores se houver enriquecimento da própria percepção com a de terceiros. Algumas perguntas para o coachee incluem:

> **Quem lhe dará feedback sobre opções que você passou a exercer ao longo do processo?**
>
> Com que frequência você avaliará seu progresso?
>
> **Quem são as pessoas com opiniões totalmente diferentes da sua que são ótimas para lhe dar feedback?**
>
> O que você faz para separar o feedback da pessoa que o dá?
> (quando o coachee se incomoda com quem lhe dá feedback).

ESTABELECIMENTO DAS AÇÕES QUE LEVARÃO DA SITUAÇÃO ATUAL PARA A DESEJADA

Um dos diferenciais do coaching é transformar as percepções das sessões em ações. É ir além dos insights da sessão. Para isso ocorrer, cabe ao coach apresentar questões do tipo:

> **O que você fará com isso?**
>
> Qual será o próximo passo?

Tais percepções levam às tarefas já mencionadas em várias partes deste livro, devendo ser acordadas entre o coach e o coachee, em vez de serem impostas. Devem representar algo diferente do que é feito.

"Vou continuar a me reunir com minha equipe todas as segundas-feiras de manhã" não é uma tarefa aceitável, pois é recorrente. Coaching não existe para manter a mesma situação. Trata-se de um processo que leva além de onde se está. Da mesma forma, "pensar" não é considerado uma tarefa, por mais válido que possa ser como atividade. "Pensar" surtirá efeito se levar a uma ação prática posterior. Fique atento a esses aspectos, pois há uma tendência de sempre agirmos da mesma forma, por meio de mecanismos inconscientes de defesa.

Mesmo quando uma tarefa leva a ações diferentes, sem perceber, podemos ainda estar fazendo o mesmo, só que de forma disfarçada.

CASOS DE *coaching*

FICOU COMPLICADO AGORA? ENTÃO LEIA O CASO DA MANUELA. O CONCEITO FICARÁ MAIS CLARO.

Manuela era Gerente de Produto de uma bandeira de cartão de crédito. Ela contratou o processo de coaching para avaliar sua carreira. Durante as sessões, manifestou-se uma característica de sua personalidade: a necessidade de se isolar em alguns momentos do dia. Após analisar se tal qualidade era limitante ou possibilitadora, ela decidiu, como um dos desafios de seu processo, "manter-se presente" em vez de "retirar-se para ficar sozinha". Sua primeira tarefa foi observar em que momentos surgia a vontade de ficar só. Isso ocorreu em uma semana em que ela viajaria para Salvador (BA), para participar de uma convenção que duraria quatro dias.

Nesse evento que contaria com aproximadamente 500 participantes, seria lançado, para a equipe de vendas, um produto pelo qual ela era responsável. Ao retornar de viagem, chegou bastante satisfeita com o resultado, pois comentou que naqueles quatro dias não teve vontade de se isolar. Ela relatou que havia passado todos os dias, das 9 às 18 horas, na convenção, e havia se sentido muito bem com todas aquelas pessoas. Perguntei, então, como tinham sido seus dias após as 18 horas e ela me respondeu, para sua própria surpresa, que tinha se retirado para o quarto do hotel, pois estava exausta e precisava recarregar as baterias sozinha. Nesse momento, ela se deu conta de que perdera muita coisa que não fora dita no horário comercial, mas sim nos encontros informais posteriores.

Manuela teria uma nova convenção na semana seguinte, desta vez em Curitiba (PR), igual à de Salvador. Como tarefa, propôs-se a sair as quatro noites com colegas de trabalho para jantar. Perguntei se tal decisão era sustentável e saudável e ela reconsiderou-a, decidindo reduzir os encontros para duas noites. Mais uma vez, ao retornar à sessão seguinte, estava bastante satisfeita, pois, segundo sua percepção, tinha executada a tarefa com sucesso. Durante duas noites, saiu com grupos de pessoas do trabalho. Pedi, então, que me relatasse o que havia sido conversado e ela tinha muito pouco a dizer.

De fato, continuava imersa nos próprios pensamentos, de forma disfarçada e sem ninguém perceber durante esses jantares. A observação atenta do coach é fundamental nesse momento. Muitas vezes, temos uma percepção de nossa mudança ou evolução muito melhor do que de fato ocorreu. Uma nova tarefa foi acordada com Manuela após esse novo nível de percepção.

Com base na experiência proporcionada pelos processos que conduzi, as tarefas que podem representar maiores desafios aos líderes não são as técnicas. Afinal, eles chegaram aos postos que ocupam pela competência nessa área e poderão ser professores dos coaches quando a conversa se dirigir a aspectos técnicos do que fazem. Coach, tenha cuidado para que a sessão não priorize um conteúdo que o coachee domina, não representando nenhum desafio para ele. Foque o contexto. Para isso, evite perguntas que alimentem sua curiosidade e que farão o coachee abordar detalhes que ele domina, mas que são insignificantes para o processo. Seja prático e objetivo, mantendo a conexão entre coach e coachee, pois isso trará desenvolvimento ao coachee.

Tarefas desafiadoras são aquelas que contêm um contexto emocional associado. Quando medo, raiva, inveja ou soberba estão presentes, tudo muda. Em que contextos tais sentimentos aparecem de forma limitante, ou seja, impedem o coachee de fazer o que precisa ser feito? Ajude-o a descobrir e trabalhar isso. Coaching é um processo provocativo sem ser destrutivo.

IDENTIFICAÇÃO, RESSIGNIFICAÇÃO E UTILIZAÇÃO DE CRENÇAS E HÁBITOS LIMITANTES E POSSIBILITADORES

Nossas crenças e valores influenciam o que pensamos, fazemos e sentimos. Funcionam como regras da vida. O efeito que os placebos provocam é um bom exemplo do poder da crença. O paciente ingere algo que, sem saber, não contém o componente ativo para curar uma determinada doença e simplesmente por acreditar que será curado, cura-se. Gosto muito de uma frase atribuída a Henry Ford:

SE VOCÊ ACREDITA QUE PODE FAZER ALGO OU SE ACREDITA QUE NÃO PODE FAZER ALGO, EM AMBAS AS SITUAÇÕES ESTÁ COMPLETAMENTE CERTO

Tais crenças são hábitos de pensamento, portanto parte fundamental do processo de coaching. Desconsiderá-las conduz a resultados não sustentáveis em que o coachee muda de comportamento por um determinado período, retornando à situação anterior depois de algum tempo. Considerá-las é trabalhar na direção de que o que acreditamos está do nosso lado e não contra o que desejamos. Buscamos, assim, assumir controlar em vez de sermos controlados.

Há alguns processos que não envolvem o trabalho com crenças, uma vez que estas não são determinantes na obtenção do resultado desejado.

CASOS DE *coaching*

QUER UM EXEMPLO? O CASO DO LUÍS MAURO É UM.

Luís Mauro era um dos líderes de uma empresa de segurança de dados, de médio porte, localizada no interior de São Paulo. Tal empresa percebeu que ele necessitava de coaching voltado à gestão do tempo, visto que vários assuntos vinham se acumulado em sua mesa, gerando baixa produtividade do departamento que ele gerenciava. Luís gostou muito dessa iniciativa, pois também achava que o dia era curto demais para tudo o que tinha que fazer.

No coaching, ficou muito claro para ele que desenvolver sua equipe, de forma que pudesse delegar mais tarefas e lidar com a gestão do tempo, eram passos fundamentais para que a situação em que se encontrava pudesse mudar. Luís contratou um consultor na área de gestão do tempo não só para ele, mas também para toda a equipe, alinhou as missões do departamento, da empresa e a sua pessoal para definir o que era e o que não era importante e passou a investir no desenvolvimento das pessoas da equipe que ele percebia terem mais potencial. Igualmente, passou a ser mais criterioso nas contratações, melhorando os processos de recrutamento e seleção. Dessa forma, foi concentrando seu trabalho em questões mais estratégicas e reduziu o tempo dedicado às atividades operacionais, à medida que eram delegadas a outras pessoas de sua equipe. O objetivo do processo foi atingido.

Suponhamos agora que Luís acreditasse não ser possível delegar tarefas, pois as pessoas não executariam o trabalho com o mesmo nível de qualidade que o dele. Nesse caso desenvolver coaching voltado a comportamentos e capacidade não redundaria em resultados sustentáveis. Durante algum tempo, Luís poderia delegar tarefas, enquanto tentasse focar em outros contextos. Ao menor sinal de que os resultados desejados não estivessem sendo atingidos, ele voltaria à sua crença inicial e pensaria: "Sabia que se não estivesse no comando deste projeto, o cliente não ficaria satisfeito com nossa entrega!", ou seja, reforçaria a crença de que deveria participar de tudo e voltaria a ter os comportamentos anteriores.

As crenças são criadas ou reforçadas influenciadas pelo que acontece em nossa vida e, uma vez estabelecidas, também passam a determinar o que acontecerá conosco. O "ver para crer" se transforma em "crer para ver".

Nesse caso, é fundamental que o processo trabalhe com as crenças limitantes para, depois, considerar comportamentos e capacidades para que a alteração da crença se consolide. Com isso, o modelo mental que levou ao resultado não desejado é alterado. A solução é permanente. A situação como um todo foi trabalhada. Como podemos fazer isso?

A resposta a essa pergunta inclui várias técnicas. Em um dos programas específicos de técnicas avançadas com crenças que desenvolvo com coaches, trabalhamos várias formas de lidar com crenças. Neste livro, trabalharemos uma delas.

Qualquer que seja a técnica é natural que coach e coachee tenham consciência de que é possível mudar crenças. Em quantos coisas você já acreditou em uma fase da vida e agora não acredita mais? Qual era sua opinião sobre uma pessoa de 25 anos quando tinha 10 anos de idade? Muito provavelmente, você a considerava bem velha ou, pelo menos, madura. Hoje, o que pensaria dela? Acredita que alguém de 25 anos é velho?

Algumas crenças surgem de generalizações quando pegamos uma situação específica que ocorreu uma ou algumas vezes e passamos a considerar o julgamento que demos a esse fato permanente. Assim se compramos um carro de uma determinada marca e ele apresenta uma série de problemas com alto custo de manutenção eu posso decidir nunca mais comprar outro carro daquela marca. Posso generalizar mais ainda e decidir nunca mais comprar um carro daquele país. Ou mais ainda e decidir nunca mais comprar qualquer carro. A crença adquirida aqui a partir de uma experiência é: "Todos os carros da marca tal/de tal país/que existem têm um alto custo de manutenção!"

Perceba que o que nos energiza para ações, emoções ou pensamentos não é o fato em si, mas o julgamento que damos a ele. Assim, quando alguém chega às 9h30 a uma reunião agendada às 9h00, podemos pensar sobre essa pessoa: "Ela chegou atrasada"; "Trata-se de uma pessoa irresponsável"; "Para ela, esta reunião não é importante"; "Ela está competindo com o organizador da reunião e quer tirar a autoridade dele".

Pode haver inúmeras interpretações para esse fato. A pessoa que chegou às 9h30 pode ter tido um outro compromisso importante para a reunião das 9h00, permitindo-lhe obter informações relevantes para o que seria discutido. Era mais importante ela obter essas informações do que chegar pontualmente à reunião. Dessa forma, os quatro julgamentos anteriores não seriam verdadeiros. O fato não pode ser mudado, mas as interpretações sim, o que abre infinitas possibilidades.

O primeiro passo é ajudar o coachee a identificar suas crenças, sejam limitantes ou possibilitadoras, relevantes para o objetivo que está sendo trabalhando. Identificá-las é mais desafiador quando são inconscientes, ou seja, quando o executivo é movido por algo de que nem ele mesmo se dá conta. Ele só nota o que faz, sem perceber o que o motiva a fazê-lo.

Alguns exemplos de crenças dos líderes em relação à liderança são apresentados a seguir. Elas são baseadas nos tipos do Eneagrama. Você consegue determinar se são limitantes ou possibilitadoras?

1. Um bom líder é aquele que dita altos padrões de qualidade.

2. Bons profissionais não podem errar. Como líder, não admito incompetência.

3. Serei reconhecido como um grande líder se perceber os pontos fortes e desenvolvê-los nos membros de minha equipe, atender às suas necessidades, motivar e ajudar cada um a atingir metas.

4. Resultado é o que interessa. Sem resultado, tudo o mais não terá valido a pena.

5. Se gerar significado e propósito para minha equipe, conseguirei me destacar como líder. Tal feito poderá inspirá-la a realizar um excelente trabalho.

6. Caso consiga criar uma operação eficiente por meio de planejamento e consequente implantação de processos, terei feito meu trabalho.

7. Para isso, há momentos em que se não me isolar, não conseguirei ser produtivo, pois as pessoas me interrompem com demandas o tempo todo.

8. *Estou aqui para antecipar problemas e treinar minha equipe para estar preparada a ter planos alternativos.*

9. *É muito mais fácil lidar com figuras de autoridade que eu admire. Caso contrário, será difícil.*

10. *Fico muito motivado quando tenho novos projetos para desenvolver. É fundamental tirar proveito de novas oportunidades de mercado.*

11. *O mercado atual é uma guerra em que só os fortes sobreviverão!*

12. *Estou aqui para motivar as pessoas competentes a fazerem o que é necessário.*

13. *Ajo quando percebo uma injustiça com alguém que não pode defender-se.*

14. *Nossa missão e objetivos serão atingidos mais facilmente em um ambiente harmonioso.*

15. *Preciso estar atento às necessidades de cada pessoa de minha equipe.*

Qual foi sua conclusão? Quais são as crenças limitantes e as possibilitadoras?

A resposta correta é todas simultaneamente. As crenças anteriores podem desempenhar os dois papéis. Qualquer resposta que você tenha dado pode ser considerada correta, dependendo do contexto e da intensidade com os quais os comportamentos, pensamentos e emoções gerados pelas crenças operarão. Na dose e no momento certo, podem ser possibilitadores. Normalmente, é assim que começamos a operar com essas nossas verdades, ou seja, nossas crenças. Como consequência, obtemos o resultado desejado. Então, um executivo que acredita que "um bom líder é aquele que dita altos padrões de qualidade", terá comportamento, motivação e tudo o que é necessário, inicialmente, nos contextos adequados. Provavelmente, essa crença foi testada quando esse executivo era criança. Ele percebeu que, ao pensar e agir dessa forma, conseguia o que desejava e adotou esse padrão, generalizando-o, para o restante da vida, fazendo o que era considerado correto e benfeito.

O que ocorre é que ele se tornou um adulto e agora vive situações diferentes. O que se aplicava há muitos anos agora não necessariamente é verdadeiro. Só que tal fato não é percebido. Ao fazer o que pensava ser correto e perfeito em uma determinada situação, ele não obtém o resultado desejado. Então, como age? Simplesmente, adota comportamentos mais perfeccionistas ainda e o excesso do que era sua força torna-se seu ponto fraco.

Ao reler as crenças anteriores, veja como operam:

1. **Um bom líder é aquele que dita altos padrões de qualidade.**

2. **Bons profissionais não podem errar. Como líder, não admito incompetência.**

Na dose certa, os líderes que acreditam nas crenças 1 e 2 darão o exemplo, levarão a equipe a um nível de qualidade desejado e serão organizados, consistentes e honestos. Caso se excedam, serão reativos, agressivos e raivosos, extremamente críticos, controladores e detalhistas e comprometerão a produtividade ao enfocarem demasiadamente aspectos que poderiam ser tratados de forma mais simplificada.

3. **Serei reconhecido como um grande líder se perceber os pontos fortes e desenvolvê-los nos membros de minha equipe, atender às suas necessidades, motivar e ajudar cada um a atingir metas.**

Na dose certa, os líderes que acreditam na crença 3 conseguirão desenvolver excelentes relacionamentos, atuarão como líderes servidores, serão otimistas e motivadores, colaborando com o desenvolvimento dos subordinados e o aumento da produtividade. Caso se excedam, cobrarão reconhecimento, privilegiando os que lhe dão, gerarão uma equipe dependente e pouco motivada, além de terem dificuldade em ouvir os outros.

4. **Resultado é o que interessa. Sem resultado, tudo o mais não terá valido a pena**

Na dose certa, os líderes que acreditam na crença 4 conseguirão trabalhar com um ótimo nível de energia, saberão superar problemas, serão otimistas e confiantes e gerarão resultados, servindo como exemplo para o restante da equipe. Caso se excedam, serão muito competitivos e impacientes com os outros, não desenvolverão relacionamentos pessoais, poderão ser percebidos como não confiáveis e nem sempre estarão disponíveis.

5. *Se gerar significado e propósito para minha equipe, conseguirei me destacar como líder. Tal feito a inspirará a realizar um excelente trabalho.*

Na dose certa, os líderes que acreditam na crença 5 são inspiradores, criativos, especiais e solidários, trazendo um bom nível de emoção para o trabalho. Caso se excedam, serão instáveis emocionalmente, irritando-se facilmente, ficarão preocupados e passarão a se comparar aos outros, tornando-se pessoas invejosas que frequentemente criticam os demais.

6. *Caso consiga criar uma operação eficiente por meio de planejamento e consequente implantação de processos, terei feito meu trabalho.*

7. *Para isso, há momentos em que se não me isolar, não conseguirei ser produtivo, pois as pessoas me interrompem com demandas o tempo todo.*

Na dose certa, os líderes que acreditam nas crenças 6 e 7 são objetivos, sistemáticos, conhecedores profundos da área que atuam e excelentes gestores de crises. Caso se excedam, permanecerão isolados e distantes, extremamente independentes, não aproveitando as oportunidades geradas pelo trabalho em equipe, teimosos e detentores de informações, dificultando a gestão do conhecimento, além de não levarem em consideração as emoções dos outros nos relacionamentos, passando a serem percebidos como frios ou desconectados.

8. *Estou aqui para antecipar problemas e treinar minha equipe para estar preparada a ter planos alternativos.*

9. **É muito mais fácil lidar com exemplos de autoridade que eu admire. Caso contrário, será difícil.**

Na dose certa, os líderes que acreditam nas crenças 8 e 9 são leais à empresa, responsáveis, estratégicos e antecipam os problemas de forma a melhorar a produtividade. Caso se excedam, serão excessivamente preocupados, analisarão as situações em demasia, sem partir para a ação, assumirão uma postura defensiva, desempenhando o papel de vítima, além de projetar nos outros seus próprios receios, considerando verdadeiros os cenários que surgirem em seus pensamentos.

10. **Fico muito motivado quando tenho novos projetos para desenvolver. É fundamental tirar proveito de novas oportunidades de mercado.**

Na dose certa, os líderes que acreditam na crença 10 contribuem com a geração de novas ideias, são curiosos, entusiasmados e possuem pensamento rápido, além de criar um ambiente mais leve. Caso se excedam, confundirão a equipe com novos projetos o tempo todo, não priorizarão as necessidades de terceiros, terão dificuldade para dar feedback, a não ser os de reforço (elogio), e receber críticas, reagindo, em alguns momentos, de forma agressiva, racionalizarão situações para não acessar situações negativas, encontrando sempre um significado positivo para o que não está bom, e terão dificuldade para lidar com a rotina.

11. **O mercado atual é uma guerra em que só os fortes sobreviverão!**

12. **Estou aqui para motivar as pessoas competentes a fazerem o que é necessário.**

13. Ajo quando percebo uma injustiça com alguém que não pode defender-se.

Na dose certa, os líderes que acreditam nas crenças 11, 12 e 13 são eficientes em resolver assuntos operacionais que exigem ação e superação de obstáculos, são protetores, confiantes, diretos e queridos por suas equipes. Caso se excedam, serão controladores, impacientes, depreciarão o que consideram fraquezas ou preguiça nos outros e trabalharão sem perceber a intensidade que colocam no que fazem, podendo chegar à exaustão e a comprometer as relações interpessoais.

14. Nossa missão e nossos objetivos serão atingidos mais facilmente em um ambiente harmonioso.

15. Preciso estar atento às necessidades de cada pessoa de minha equipe.

Na dose certa, os líderes que acreditam nas crenças 14 e 15 são diplomáticos e sistêmicos, relacionam-se facilmente com os outros, são inclusivos, participativos, pacientes e desenvolvem relações perenes. Caso se excedam, não criarão conflitos saudáveis que geram desenvolvimento, desconsiderarão prioridades, procrastinarão tarefas, tornando-se gargalos do setor ou da divisão em que atuam e serão desenergizados.

Como coach, você já teve algum coachee com alguma dessas crenças e comportamentos? Em que nível? Limitante ou possibilitador? Normalmente, oscilamos e não ficamos estáticos em um único contexto. E você? O que consegue perceber em si mesmo? Pergunte a alguém que o conhece bem o que essa pessoa percebe em você. Como é receber um feedback como este?

Os exemplos anteriores são uma limitada relação das crenças que existem. Para você ter uma ideia melhor sobre esse assunto, diria que se trata de um breve início à introdução do tema. Com certeza, em seu trabalho como coach, haverá outras opções que não foram citadas aqui.

Vimos que as crenças geram pensamentos, emoções e, finalmente, comportamentos que levam a resultados desejados ou não.

| CRENÇAS | EMOÇÕES/PENSAMENTOS | COMPORTAMENTOS | RESULTADOS |

As crenças possibilitadoras aumentam a probabilidade de os resultados desejados serem obtidos e as limitantes diminuem.

| CRENÇAS POSSIBILITADORAS | RESULTADOS DESEJADOS |

| CRENÇAS LIMITANTES | RESULTADOS NÃO DESEJADOS |

Uma boa forma de identificar as limitantes é ajudar o coachee a perceber em que aspectos, como gestor, ele não atinge os resultados desejados.

Em quais situações ele se percebe pensando:

- *Não acredito que isto está acontecendo comigo de novo.*
- *Já estou cansado disso. Acho que vou mudar de emprego.*
- *Não estou satisfeito com o que tenho obtido na minha carreira.*
- *Não parece que conseguirei o que um dia desejei.*

Tire a atenção do que ele diz sobre tais assuntos e ajude-o a perceber como age em tais situações. Isso o ajuda a sair de uma posição de vítima e ir para uma de protagonista. Muda de concentrar-se no externo para concentrar-se no interno.

Perceba também a linguagem de seu coachee. Afirmações do tipo:

- *Tenho que.... (ser esforçado/ser firme com as pessoas/ser gentil/ajudar os outros...).*

- *Devo/deveria... (variação da frase anterior).*

- *É óbvio que/Claro que/É evidente que... (bons profissionais não erram/ele não sabe o que está falando/ela não está nem um pouco preocupado em seguir os processos/não dá para eu sair de férias...).*

- *Se..., então... (Se ele não veio à reunião, então é porque não está interessado).*

- *Não é possível/Não posso... (vender para aquele cliente/convencê-lo da importância deste projeto).*

- *Pessoas lentas me irritam/Este país deixa qualquer um louco (a responsabilidade do resultado é passada a terceiros; perceba que as frases não são: "Eu me irrito com pessoas lentas" ou "Fico louco com este país").*

São fortes indícios de crenças.

A pergunta "por quê?", especificamente nesse momento de identificação de crenças, é bastante útil.

> **Coach:** "Por que você não perguntou à sua equipe o que ela sugeriria nesta situação?".
>
> **Coachee:** "Porque ela nunca sugere nada interessante, além de não termos tempo para esse tipo de reunião. O momento era para dinamizar o que já tinha sido decidido
> (em uma única resposta, há três crenças, indícios de hábitos de pensamento).

Perceba também a linguagem não verbal de seus coachees, descrita no tópico Níveis de atenção, do capítulo 2. Quando o coachee diz sim, mas o corpo (comunicação não verbal) diz não, fique com a comunicação não verbal. Ela é muito mais transparente pois não está menos influenciada pelos mecanismos de defesa. . Por exemplo, o coachee não deseja mais trabalhar na empresa de seus pais, porém tal desejo fere um valor familiar. Então, não admite, nem para si mesmo, que sua vontade é ir embora e reprime-a. Só que o inconsciente, mesmo que ele não deseje, manifesta-se. pela comunicação não verbal. Ao ser perguntado sobre o assunto ele diz que é muito feliz trabalhando ali, ao mesmo tempo que morde levemente os lábios, ou movimenta negativamente a cabeça ou mesmo torce a boca e o nariz.

A crença limitante aqui é "se eu sair da empresa, não serei mais amado nem aceito por minha família", o que fere o valor "pertencer". Um coach atento percebe na comunicação não verbal que há algo a ser explorado e ajuda o coachee a descobrir o que é. A crença torna-se consciente nessa exploração. É perfeitamente adequado o coach, em total conexão com o coachee, dizer: "Eu fiquei com a sensação que há um lado seu com uma opinião diferente sobre esse assunto. O que ainda não está sendo percebido aqui?"

Muitas vezes, o mais importante é o que não foi dito, além de ser um possível canto escuro inconsciente a ser explorado. Como coach, seja curioso sobre o que não está sendo dito. Seu grau de interesse o levará a possibilidades extremamente ricas para seu coachee.

Os casos a seguir ajudam o entendimento desses conceitos. O primeiro (coachee 1) caso se relaciona a um gerente de Produto que explica ao coach seu posicionamento sobre uma nova linha de artigos de desodorantes a ser lançada no mercado. A sessão entre ambos transcorre há algum tempo e nada é mencionado sobre a opinião dos clientes. Já no segundo exemplo (coachee 2), um diretor de Desenvolvimento Humano comenta a alta rotatividade dos profissionais que atuam na empresa e foca a atuação no que o leva a confirmar suas crenças sobre o nível limitado dos profissionais no mercado.

> **Coachee 1:** "Analisamos todos os aspectos relevantes deste produto com nossos laboratórios e também com o pessoal de marketing especializado em embalagens. Todos estão de acordo com essa decisão".
>
> **Coach (pensando):** "Interessante. Durante toda a sua fala, nunca o ouvi mencionar a opinião dos clientes. Vou questioná-lo".
>
> **Coach (dirigindo-se ao coachee):** "Qual é a opinião dos clientes a esse respeito".

> **Coachee 2:** "Infelizmente, tem sido muito difícil encontrar bons profissionais no mercado. Tenho conversado com colegas que atuam em outras empresas e a reclamação é a mesma. Estão todos com uma rotatividade extremamente elevada por isso".
>
> **Coach (pensando):** "Tive clientes com rotatividades muito menores, o que não foi mencionado aqui".
>
> **Coach (dirigindo-se ao coachee):** "Como agem as empresas que possuem rotatividade reduzida e melhor desempenho de suas equipes?".

Quais são as crenças dos coachees 1 e 2 que você conseguiu observar e podem ser limitantes para quem quer se destacar como gerente de Produtos (coachee 1) e para quem quer diminuir a rotatividade (coachee 2)? São conscientes ou inconscientes?

A observação dos pontos cegos e da incongruência entre as palavras e outros sinais de comunicação é igualmente importante não apenas no trabalho de identificação de crenças, mas durante todo o processo. Esteja atento a isso.

A seguir, leia os depoimentos de vários executivos. Aproveite o conhecimento que a leitura deste tópico sobre crenças lhe proporcionou e identifique as existentes em cada um deles.

O primeiro é de Fábio Barbosa, presidente do Grupo Abril [7][8].

"Quando alguém faz uma assinatura, é um voto de confiança de que aquilo que virá será de seu agrado. Embora o assinante não saiba exatamente o que será, está pagando adiantado. Então, nosso maior desafio é buscar novas formas de mostrar ao anunciante o potencial que tem perante esse público que lê cada vez mais..."

"Nesse momento de transição, a gente fez um redimensionamento da empresa, para caber dentro daquilo que o mercado permite neste momento, mas sem abrir mão jamais desses princípios que, na verdade, são o pilar da empresa e da sociedade..."

Trata-se de uma análise do momento em que essa declaração foi dada. Quantas crenças você identificou? Alguma além das quinze que aparecem a seguir?

1. Há pessoas que fazem assinaturas.

2. Fazer uma assinatura é um voto de confiança de que o que virá será do meu agrado.

3. Quem assina não sabe exatamente o que virá.

4. Quem faz uma assinatura paga adiantado.

5. Há um desafio maior de todos.

6. Há desafios que são menores.

7. Nosso maior desafio é buscar novas formas de mostrar para o anunciante o potencial que ele tem perante o público que lê.

---

[7] Quando da época desta declaração.
[8] Endeavor Brasil. Ceo Summit: 9 conversas imperdíveis com empreendedores e executivos.
Disponível em: https://www.endeavor.org.br/ceo-summit-9-conversas-imperdiveis-empreendedores-executivos/

8. Há formas diferentes de mostrar para o anunciante o potencial que ele tem perante o público que lê.

9. Há um público que lê cada vez mais.

10. O momento é de transição.

11. Fizemos um redirecionamento da empresa.

12. Esse redirecionamento ocorreu neste momento de transição.

13. Esse redirecionamento foi feito de forma que a empresa coubesse dentro do que o mercado permite.

14. Jamais abrimos mãos desses princípios.

15. Há princípios que são pilares da sociedade dos quais não abrimos mão.

O próximo texto refere-se a uma entrevista dada por Luiza Trajano, do Magazines Luiza. Alguns trechos foram editados, mas houve a preocupação de que o contexto de cada declaração fosse mantido e respeitado.

Diogo Mainardi: "Quando você venderá suas lojas para a Amazon? Há como resistir a essa onda do varejo eletrônico? Não vejo caminho para o varejista brasileiro numa situação em que haverá crise. Se a crise não existe ainda, como diz o Ricardo[9], ocorrerá".

---

[9] Ricardo Amorim, economista e apresentador de televisão.

1. As lojas do Magazine Luiza serão vendidas para a Amazon.

2. Não vejo caminho para o varejista brasileiro em uma situação em que haverá crise.

3. Haverá crise.

4. O Ricardo diz que não há crise.

Luiza Trajano: "Nunca tivemos um ano com redução da inadimplência tão bom quanto o último. Não é na minha loja, não. É no Brasil! É no varejo brasileiro. Não estou falando da minha loja. Estou falando de modo geral. Eu lhe dou índices e lhe mostro".

1. O índice de inadimplência é um indicador de crise do comércio.

2. A redução do índice de inadimplência nunca esteve tão boa quanto no último ano.

3. Os dados são do Brasil e não apenas da minha loja.

4. Posso dar e mostrar esses índices.

Diogo Mainardi: "Os dados da Serasa são diferentes, mas tudo bem".

1. A Serasa tem dados diferentes.

"A inadimplência caiu, eu provo, é estatístico isso, não aumentou. Nós terminamos o ano com o menor índice de inadimplência possível.

Agora, a Amazon é uma realidade e não é por isso que o Magazine (Luiza) será vendido para a Amazon e ninguém será vendido. O que acontece é que entrar no mercado brasileiro também não é fácil. Você sabe que a Wallmart teve muitos problemas (no Brasil), agora está se acertando e é a maior varejista do mundo. O que mais vi aí é que as lojas físicas continuarão, tanto é que a Amazon está tentando implantar lojas físicas. O Magazine Luiza é muito forte no mercado virtual. Nós somos case em Harvard."

1. *A inadimplência caiu.*
2. *É estatístico que a inadimplência caiu.*
3. *Não era possível ter um menor índice de inadimplência no ano.*
4. *A Amazon é uma realidade. (O que isto significa? Quais são as crenças que estão por trás dessa afirmação? A curiosidade do coach pode ser estimulada aqui, em vez de tirar conclusões próprias).*
5. *O Magazine não será vendido pelo fato de a Amazon ser uma realidade.*
6. *Ninguém será vendido pelo fato de a Amazon ser uma realidade.*
7. *Entrar no mercado brasileiro não é fácil.*
8. *Wallmart é o maior varejista do mundo.*
9. *Wallmart teve muitos problemas (no Brasil).*
10. *Wallmart agora está se acertando.*
11. *As lojas físicas continuarão.*
12. *Amazon está tentando implantar lojas físicas.*
13. *Magazine Luiza é muito forte no mercado virtual.*
14. *Magazine Luiza é case em Harvard.*

Suponhamos que Diogo Mainardi e Luiza Trajano fossem dois executivos de uma empresa e você tivesse sido contratado para trabalhar essa relação como coach. Como você a perceberia? Há crenças opostas, como: "Não vejo caminho, a não ser vender o Magazine para a Amazon" versus "O Magazine não será vendido pelo fato de a Amazon ser uma realidade". Como possibilitar que esse seja um conflito generativo e possibilitador? Como você trabalharia cada um dos dois lados e essa relação em termos de crenças? Quem mais pode ter as percepções ampliadas? Qual é a intenção positiva comum ou as que podem ser aceitas pelos dois lados?

Em uma fala de 40 segundos, houve pelo menos 15 crenças com o exemplo de Fábio. Na conversa entre Diogo Mainardi e Luiza Trajano, houve 23 crenças em menos de dois minutos. Algumas foram mais explícitas, outras poderiam ser consideradas pressuposições com base na declaração dela.

Neste momento, se você está se perguntando se o coach deve ser um profissional que identifica todas as crenças de uma fala, a resposta é não. Isso o levaria a focar tanto a técnica que o desconectaria do coachee. Com o tempo e a prática, o coach perceberá naturalmente as crenças relevantes ao processo, levando-as em consideração, enquanto as demais não serão trabalhadas na forma aqui apresentada.

É provável que você tenha identificado muitas das crenças dos textos anteriores como possibilitadoras, as quais também são muito importantes em um processo de coaching. Veremos mais adiante como as usar.

Ao identificar as crenças limitantes relevantes ao processo que está sendo desenvolvido, o próximo passo é substituí-las por crenças possibilitadoras. Com isso, haverá uma mudança de pensamentos, emoções e comportamentos, com a consequente modificação de resultados. Ter novas opções de crenças significa reagir de forma diferente aos mesmos estímulos. Ao contrário de um simples pensamento positivo, que pode ser frágil e desaparecer rapidamente, quando o líder muda de crenças, mesmo que, ao acordar de manhã, o dia esteja nublado, sua parceira esteja de mau-humor, o trânsito esteja congestionado e as notícias não sejam boas, ao ler os e-mails após chegar à empresa, percebe e reage a tudo isso de forma possibilitadora, utilizando os recursos que possui, em vez de manifestar reações desequilibradas que o desconectam de seu melhor. Ele reforçará um novo padrão de comportamento baseado no que acredita agora. Isto muda como ele se relaciona com as outras pessoas, com seu corpo, consigo mesmo e as emoções que sente. No coaching, tudo isso é feito de forma direcionada para atingir os objetivos propostos.

Para que os objetivos do coachee sejam alcançados, é importante lembrar que quando ajudamos outras pessoas a encontrarem as próprias crenças, um desafio é mantermos nossas próprias fora do processo. Daí, a importância de olharmos atentamente para nós mesmos. Os vários tópicos abordados no capítulo 2 contribuem para explicar melhor essa situação.

Ao tomar consciência de que crenças o limitam nos contextos que estão sendo trabalhados, o coachee dá um importante passo rumo à jornada de desenvolvimento. Para ajudar o coachee, o coach precisa relacionar a crença com o resultado desejado, e não simplesmente a crença em si. Como vimos, crenças não são simplesmente limitantes ou possibilitadoras, visto que dependem do contexto e da intensidade com que estão sendo operadas.

Quando a crença identificada for limitante, peça que o coachee a escreva. A utilização de um flipchart poderá ser útil, pois permite ao coachee ler a própria crença na posição de observador, depois que tiver sido escrita no quadro É muito interessante presenciar a reação dos coachees nesse momento. Alguns esboçam um sorriso, como se fossem outra pessoa observando a afirmação escrita no papel. Outros entram em um diálogo interno e manifestam em voz alta algumas observações do tipo: "Isto não faz sentido"; "Na verdade, o que quis dizer foi...; "Fica muito melhor se eu alterar para...".

Um outro lado do coachee entra em ação e propõe novas percepções. Essa atividade está muito relacionada a coaching. Caso não tenha no local um flipchart, segure uma folha de papel para haver a mesma leitura da posição do observador. Evite ficar atrás da folha para não ser confundido com a própria crença limitante. Enquanto o coachee vê sua crença na posição de observador, permaneça, fisicamente, ao lado dele, olhando também para o flipchart ou a folha de papel, a uma distância que possibilite estabelecer conexão entre vocês, sem gerar uma sensação invasiva. Essa é a distância ideal para todo o processo – incluindo o momento em que vocês estiverem sentados nas demais etapas do coaching – e varia de acordo com cada coachee.

Fatores culturais influem nesse processo. Se você estiver trabalhando no Brasil e na Inglaterra, perceberá que a distância adequada no segundo país deverá ser maior do que a do primeiro. Da mesma forma, há coachees que preferem ficar de frente para os coaches e outros, em cadeiras que formem um ângulo de 90 graus entre si. Se não houver como dispensar a presença de uma mesa entre vocês, já que nem todas as sessões serão feitas no local em que você normalmente atende, então dê preferência a um posicionamento a 90 graus.

Se o coachee ainda não tiver realizado esse exercício, peça que leia a crença em voz alta. Pergunte-lhe: "O que lhe parece essa afirmação?". Esse é um dos momentos de todo o processo em que mais fico quieto e deixo o coachee refletir. Momentos de silêncio do coach são fortes convites para insights e funcionam tanto ou mais que uma pergunta poderosa. A crença limitante começa a ser posta à prova!

O próximo passo é identificar sua intenção positiva, ou seja, aquilo que alguém ganha por acreditar em algo ou por ter um comportamento específico. Sempre há uma intenção positiva, ou seja, um ganho desejado quando acreditamos em algo. Muitas vezes nossos comportamentos são inadequados quando acreditamos em algo limitante. Mesmo assim sempre há uma intenção positiva por trás.

CASOS DE *coaching*

QUAL É A INTENÇÃO POSITIVA DE ALGUÉM QUE DEIXA DE TOMAR O REMÉDIO PARA UM DOENÇA QUE CONTRAIU? SERÁ QUE HÁ INTENÇÃO POSITIVA NISSO? LEIA O CASO A SEGUIR APRESENTADO EM UM CONGRESSO DE COACHING.

Ao participar de um congresso de coaching, um exemplo muito interessante foi citado na área médica. Os laboratórios perceberam que mesmo havendo soluções já desenvolvidas para determinadas doenças, pacientes que as tinham ou estavam em grupos de risco começavam seguindo as orientações médicas, mas, depois de um tempo, paravam de ingerir os medicamentos indicados. Por que alguém doente, com recursos financeiros, tendo disponível o remédio de que necessita na farmácia mais próxima, não o toma? Como coach, qual resposta você daria a essa pergunta?

Uma dessas pessoas doentes que não ingeria remédios participou de um processo de coaching e afirmou: "Não me vejo como um velho no fim da vida com um monte de remédios para tomar!". Aí estava a intenção positiva! Nesse caso, era sentir-se jovem. Qualquer solução focada apenas em novos comportamentos e que não encontre valores acima disso ou não trabalhe a crença limitante – quem toma remédios é velho - não durará.

E Luís Mauro de nosso exemplo anterior? Sua crença era a de que "as pessoas não executam as atividades com o mesmo nível de qualidade que eu executo". Qual era sua intenção positiva ao acreditar nisto? No coaching, ele demonstrou ser um profissional competente que desenvolvia o que a empresa e os clientes esperavam dele.

Qual é a intenção positiva que um gestor que grita com a equipe pode ter? Ou a de um líder que não dedica tempo ao desenvolvimento de seus liderados? Resultados de curto prazo pode ser uma das possibilidades. Ou a de um executivo que é percebido como distante por seus colaboradores? Preservar-se do desconforto que o contato intenso com a equipe pode trazer. Os comportamentos podem ser inadequados e não levar aos resultados desejados, portanto limitantes.

Quando falo de intenção positiva, não quero justificar nem desejo que você concorde com tais comportamentos, mas pretendo mostrar que há algo por trás deles que deve ser considerado nesse processo. Aliás, a intenção positiva tem que ser respeitada e qualquer alternativa a ser adotada pelo coachee deverá ter como pressuposto que a intenção positiva continue sendo respeitada. Desconsiderar isso é a grande causa que nos leva a não atingir nossos objetivos. Quem já quis diminuir de peso sabe que se a intenção positiva de comer o que se quer for prazer, atingir o objetivo será muito mais difícil se o prazer for eliminado da vida da pessoa. Coaching buscará conciliar prazer com mudança de hábitos alimentares ao mesmo tempo. Nesse exemplo, podemos citar como valores mais importantes ainda saúde, o que será suficiente para alguns, e família ou autoimagem, que serão suficientes para outros.

No mundo executivo, coaching pode ajudar a encontrar caminhos alternativos ou valores mais superiores. Desta forma:

• *Para o líder que grita com a equipe, será muito útil perceber que resultados virão mais rapidamente se ele aplicar o que realmente motiva cada membro de sua equipe e a equipe como um todo.*

- *Para o executivo que não dedica tempo ao desenvolvimento de sua equipe, será útil se ele se der conta de que somente aqueles que atingiram um elevado nível de desenvolvimento ampliarão suas preocupações além de si mesmos ou de parentes próximos.*

- *Para aquele que se afasta de todos, aproximar-se dos demais será um ótimo exercício para se tornar um especialista em relações pessoais.*

Com a intenção positiva e a crença limitante identificadas, podemos ajudar o coachee a questionar sua percepção em relação à crença. Nesse momento, o coach colaborará com tais mudanças e questionamentos ao fazer perguntas e comentários que convidarão a uma percepção diferente (os exemplos dados servem para a seguinte crença: "As pessoas não executam as atividades com o mesmo nível de qualidade que eu as executo" _ Luís Mauro):

- Perguntas que buscam a exceção, ou seja, situações dentro da referência do próprio coachee em que a crença não era válida.

    "Quando alguém fez algo benfeito?"

    "Como os gestores, na mesma situação que você, fazem para delegarem tarefas com competência?"

- Perguntas que buscam a origem das informações. Há muitos fatos que consideramos verdades absolutas sem saber sua real validade.

    "Como você sabe que somente o que você faz tem a qualidade exigida pela empresa ou pelos clientes?"

    "Como você sabe que esta é a única forma de atuar eficientemente nesta situação?"

- Perguntas que buscam a crença que está por trás da crença. Sempre que acreditamos em algo, há outra crença por trás que nos leva a acreditar nisso. Essa crença por trás mostra o modelo de pensamento utilizado pelo coachee para chegar à crença limitante que está sendo trabalhada.

"Será que você acredita nisto por não achar que os outros sejam capazes de evoluir?"

"Será que você acredita nisto por achar que sua função ficará sem sentido ao delegar tarefas?"

"Será que você acredita nisto por se sentir mais competente e confortável trabalhando com o operacional?"

- Perguntas que mostram o efeito que a crença acarreta.

"Até que ponto pensar nisto não o está impedindo de ser mais eficiente?"

"Até que ponto pensar nisto não o faz acreditar que sua equipe seja constituída apenas de pessoas não competentes?"

- Perguntas que ajudam a mudar o foco.

"Como as pessoas importantes para você percebem seu comportamento?"

"Como as pessoas importantes para você percebem sua crença?"

"O que os outros esperam de seu departamento?"

- Perguntas que quantificam a questão, ou seja, o quanto é preciso o coachee fazer ou ser para a pressuposição da crença ser válida.

"Que nível de qualidade é necessário?"

Além dessas perguntas, há coaches que também comentam casos que conhecem ou mesmo histórias que podem trazer associações com a situação que está sendo trabalhada. Se for contar um caso do qual participou ou conhece, simplesmente conte. Não dê explicações nem tente chegar a uma conclusão depois. Ao terminar a estória simplesmente olhe para o coachee e não diga nada. Deixe que o coachee aprenda por si só. Desta forma, você permitirá que ele acesse outras possibilidades que talvez você não tenha considerado.

Tenha confiança na capacidade da outra pessoa.

Nesta etapa do processo, é muito importante que o coach, ao fazer as perguntas, isente-se de dar respostas ao coachee. Assim, ao fazer uma pergunta, por exemplo, a um cliente que não se sente seguro, o coach pode perguntar: "Em que momentos você se sentiu seguro?".

O coach pode buscar fazer o coachee perceber algo que não consegue perceber: "Pense bem, deve ter havido algum momento em que se sentiu seguro. Que momento foi esse?".

Esse é um convite que força o coachee a responder e, ao contrário de ampliar percepções, o que se obterá será exatamente o contrário. Em vez disso, seja receptivo a qualquer tipo de resposta e devolva ao cliente o que ele está produzindo. Backtracking é uma das possibilidades e o silêncio, conforme mencionado em outras partes deste livro, outra. Vivenciei momentos extremamente ricos com meus coachees que tinham sido precedidos por espaços de tempo durante os quais não falei nada e simplesmente respirei no mesmo ritmo deles.

Outra opção é pedir para o coachee fazer uma relação de crenças possibilitadoras relacionadas ao tema que está sendo trabalhado, visto que contribuem para mudar crenças limitantes.

Em um dos treinamentos que realizei com uma equipe de vendas, Luísa, uma das executivas de Contas que vendia treinamentos de autoconhecimento e desenvolvimento pessoal, trabalhava a crença de que um produto específico, estratégico para a empresa onde trabalhava, era muito caro. Essa era a crença limitante, pois, por acreditar nisso, no momento de informar o preço, ela demonstrava certa insegurança que era percebida pelos clientes em potencial.

Quando solicitei que ela preparasse a lista de crenças possibilitadoras relacionadas a esse tema, uma das mencionadas foi: "Não existe produto melhor para transformação e crescimento do que este programa que vendo". Ler esta frase causou um enorme impacto em Luísa, que logo exclamou: "Como é possível ser caro se proporciona tudo isso!". Em seguida, ela reescreveu sua crença:

"Em função do que proporciona aos participantes, este treinamento tem uma excelente relação custo-benefício. Tudo o que eu preciso é ajudá-los a perceberem isto".

Preste atenção à qualidade de sua conexão com o coachee nesses momentos. Se estiver elevada, tais perguntas ou sugestões de listas de crenças possibilitadoras ajudarão significativamente no trabalho com crenças limitantes e você terá chegado ao momento de solicitar aquilo em que ele prefere acreditar no lugar da crença inicial. Esse é um momento importante. Se a resposta dada contradisser a crença inicial ou não respeitar a intenção positiva, não poderá ser aceita.

Suponha que Luís Mauro, nesse momento, respondesse que prefere acreditar agora que "as pessoas executam as atividades com o mesmo nível de qualidade que eu as executo", ou seja, exatamente o contrário da crença que está sendo trabalhada. A partir daí, imagine que tenha sido solicitada à equipe a realização de uma apresentação para um cliente importante. Caso tal apresentação não obtivesse o resultado desejado e o cliente da empresa de Luís não fechasse o contrato, ele retomaria a crença inicial de que "as pessoas não executam as tarefas com o mesmo nível de qualidade que eu as executo". Além de todo o caminho percorrido ter sido em vão, ainda haveria um reforço muito maior da antiga crença limitante. Quantas vezes você já não ouviu as pessoas falando coisas do tipo: "Já fiz diferente e não deu certo! Sei do que estou falando".

Nesse ponto do trabalho, o que Luís pode desenvolver é uma crença alternativa que respeite a intenção positiva e não contradiga a primeira. Com a percepção ampliada pelo estado de centramento durante a sessão e pelas perguntas anteriores feitas, ele passará a acreditar que "tendo em minha equipe colaboradores com potencial e motivados, se dedicar tempo no desenvolvimento deles, poderão executar as atividades em um nível necessário para nossa empresa e clientes". O exemplo de Luísa apresenta a crença limitante original reescrita que não contradiz aquilo em que acreditava anteriormente.

Com essa nova crença, quais ações Luís adotará? Serão as mesmas que ele adotaria caso seguisse a crença "as pessoas não executam as atividades com o mesmo nível de qualidade que eu as executo"? Certamente não.

Como fica o processo daqui para frente? A intenção positiva "ser um profissional competente que desenvolve o que a empresa e os clientes esperam dele" agora está sendo respeitada?

Caso o coachee não proponha isto espontaneamente, questione que ações ele adotará ao acreditar na nova crença. Nas sessões seguintes, trabalhe os aprendizados gerados e verifique quais novas tarefas serão acordadas.

No caso de Luís, como gestor, ele poderá capacitar sua equipe e motivá-la a realizar trabalhos exigidos pela empresa. Tal mudança poderá implicar alterações nos critérios ou mesmo na forma de recrutamento e seleção, na gestão do tempo dele, distribuindo as ações entre ensinar, acompanhar e, finalmente, cobrar.

UTILIZAÇÃO DE FERRAMENTAS

Não é objetivo desse livro apresentar as tradicionais ferramentas de coaching como Roda da Liderança, da Meta, Grade de Metas, Questionários, apenas para citar algumas. Elas são facilmente encontradas na internet. Não há tampouco nada contra utilizá-las em processos de coaching. Eu faço isso sempre que considero que o que o coachee manifesta buscar em uma sessão pode ser obtido com essa utilização.

Cuidado apenas se você como coach se baseia tanto nessas ferramentas a ponto de ter um processo totalmente estruturado nelas algumas vezes até numa sequência preestabelecida de aplicação. Dentro do conceito do que é coaching isso está muito mais relacionado com uma consultoria estruturada, com uma avaliação ou mentoria do que coaching. Não quero dizer aqui que seja bom ou ruim, apenas que coaching é um processo muito mais flexível do que a aplicação predeterminada de formulários específicos, mesmo que vários profissionais atualmente no mercado deem o nome de coaching a esse procedimento.

MENSURAÇÃO DOS RESULTADOS

William Thompson, importante cientista do século XIX, afirmou que se você medir aquilo de que está falando e expressar em números, conhecerá um pouco mais sobre o assunto, mas, se não o puder exprimir em números, seu conhecimento será limitado e insatisfatório.

Uma das razões para o crescimento do coaching no mundo, atividade que ultrapassa 1 bilhão de dólares apenas nos Estados Unidos[10], são os resultados gerados. Para que as empresas invistam valores como este, é necessário que percebam a relação entre investimento realizado e resultado obtido. Para os coaches, mais importante ainda do que o resultado gerado, é a percepção do resultado que o cliente tem no final do processo.

De forma alguma, estou vendendo a ideia de que devemos maquiar uma realidade ou não nos preocupar com o real resultado gerado, mesmo porque a percepção é impactada pelos resultados. Muitas vezes, não há preocupação do coach em mostrar aos principais envolvidos na empresa que o contratou qual foi o retorno que ela teve sobre o investimento. Com isso, o que sobra são versões, e não fatos, o que é extremamente subjetivo.

Em um processo em que temos vários envolvidos, pois há pelo menos quatro participantes, a percepção de cada um pode ser surpreendente para o coach. Tal aspecto pode ser fatal para o futuro de quem quer estabelecer uma carreira como coach executivo. Se você estiver ouvindo das empresas que o contratam que coaching é caro, esse é um sinal de que consideram que o resultado percebido tem sido ínfimo em relação ao preço pago. Preço não é apenas o valor em dinheiro (sessões, viagens, aluguel de salas...), mas também o tempo e as emoções despendidos pelos envolvidos. Da mesma forma, o resultado obtido vai além da meta estabelecida. Há fatores como diminuição de absenteísmo e aumento da motivação da equipe, melhora no atendimento com mais retenção de clientes ou equipes mais eficientes, apenas para citar alguns, que podem ter

---

[10] Sherpa Coaching. Coaching survey. Disponível em: www.sherpacoaching.com/survey.html

sido resultado de um processo de coaching cujo objetivo inicial era melhorar o relacionamento interpessoal do líder com seus subordinados. Muitas vezes, essa percepção limitada ocorre não porque o processo não trouxe resultados significativos, mas porque não são percebidos como gerados pelo coaching.

Assim, em um processo que dura seis meses, é muito fácil que significativas mudanças ocorridas nos primeiros dois meses sejam rapidamente incorporadas pelos que se relacionam com o executivo, sendo cobrado do coaching ainda mais do que o inicialmente proposto. Assim, é fundamental haver um claro mapeamento das situações de início e término do processo, comparando ambas no final. Com isso, o resultado gerado é percebido claramente e a percepção se o coaching valeu a pena ou não é mudada em relação a processos em que isso não ocorre.

Medir os resultados também permite interpretar melhor o que o coaching proporciona e ajuda o cliente, normalmente a área de Desenvolvimento Humano, a propor a utilização de recursos financeiros da empresa de forma muito mais voltada à maximização do retorno. Muitos profissionais de Desenvolvimento Humano manifestam ter dificuldade de obter recursos necessários para o que acreditam ser importante para a empresa. Tais profissionais não devem ser especialistas só de pessoas, mas também conhecedores de negócios, o que significa saber falar de números, resultados, mercado e geração de lucro. Falar de obtenção de resultado ou de geração de diferencial competitivo é muito mais eficaz na escolha de que área receberá que parcela de investimento.

Quando os resultados de atividades como coaching são medidos e apresentados como geradores de diferencial competitivo, o Desenvolvimento Humano deixa de ser custo e passa a ser estratégico, abrindo fantásticas possibilidades. Quando menciono gerador de diferencial competitivo por meio de Desenvolvimento Humano, refiro-me a uma empresa que consegue se diferenciar da concorrência pelo seu quadro de funcionários e não apenas pelo baixo custo de fabricação de produtos, gestão financeira ou marketing, apenas para citar três exemplos. A partir daí, os recursos sempre limitados de qualquer empresa, por melhor que esteja, que são investidos nas mais diversas áreas, principalmente naquelas que têm capacidade de demonstrar que obterão o melhor retorno por valor investido, fluirão também para o desenvolvimento de pessoas e, consequentemente, para o coaching.

Muitas vezes, sou chamado por empresas como se fosse a última esperança de casos desesperadores. Parece que o coach é o grande mago que estudou na mesma escola que Harry Potter e que consertará aqueles profissionais que estão com defeito. Ter um bom conhecimento dos resultados gerados, inclusive do que é possível medir, colabora para definir o que esperar desse processo.

Por outro lado, determinar o quanto coaching foi responsável por um resultado obtido é uma tarefa desafiadora. Quando falamos em coaching de vida, a percepção do resultado gerado é maior e mais fácil, uma vez que há, normalmente, apenas duas pessoas envolvidas, ou seja, o coachee e o coach. Então, a sensação que o coachee tem no final do processo é clara e inequívoca. Para ele, valeu ou não valeu a pena. Mesmo quando a sensação é de que em parte valeu a pena, ainda assim essa percepção é clara para ele.

Nas empresas, manifestações de satisfação do coachee para o coach não necessariamente indicam que o processo atingiu seus objetivos. Muitos coaches se deixam enganar e não verificam se os resultados estabelecidos pela empresa no início do processo foram atingidos. O coachee manifesta satisfação na última sessão. Ele traz até um presente para o coach. Mas ele fez o que se esperava que fizesse? Obteve os resultados desejados? Pode ter ocorrido exatamente o contrário. O coachee não foi desafiado nas suas questões mais complexas e ficou bastante confortável ao longo do processo. Por isso mesmo, dependendo da sua personalidade, está se sentindo bastante confortável com o processo. Já a empresa não percebeu mudança relacionada com o coaching.

Em uma empresa, tal situação é muito mais complexa. Primeiro, porque há fatores políticos e emocionais que afetam a percepção dos envolvidos, o que leva o julgamento do que ocorreu ser afetado em razão do interesse de quem julga. Isto é mais desafiador ainda quando levamos em conta que esses interesses muitas vezes ocorrem de forma inconsciente. O segundo aspecto é como isolar os efeitos que coaching provocou em um sistema, no caso a empresa, que é afetado por inúmeros fatores.

Se um departamento, divisão ou mesmo empresa tem um aumento de 50% nos resultados financeiros, em um período posterior a um processo de coaching, isso ocorreu em razão do trabalho realizado pelo coach ou porque um importante concorrente saiu do mercado? Ou porque novos produtos que estavam prontos antes do coaching foram lançados? Ou porque a legislação do país mudou e permitiu um aumento de preços antes proibido? Todos esses fatores contribuiriam para um aumento nos resultados e o coach sinceramente acreditaria que as transformações ocorridas nos coachees foram a causa do sucesso. Da mesma forma, o Departamento de Marketing acreditaria que foram os novos produtos.

E o executivo que, após coaching, passa a se relacionar melhor com sua equipe e pares? Isso ocorreu por causa do coaching ou porque a empresa passou por um período mais tranquilo em razão dos ótimos resultados do ano? Ou porque um grande projeto foi concluído? Ou porque um desafeto seu saiu da empresa? Ou porque foi feito um treinamento de autoconhecimento baseado no Eneagrama que já estava contratado antes do coaching?

Outro desafio relativo à mensuração dos resultados está no fato de que muitos deles não ocorrem simultaneamente à realização do processo. Mudanças, muitas vezes, ocorrem por etapas, após meses do final do processo. Se você trabalha em uma operação cujo ciclo de venda é de seis meses, a partir de agosto de cada ano, o que você fizer impactará apenas no resultado do ano seguinte. De nada adiantará adotar uma política agressiva de descontos com o objetivo de melhorar as vendas do mês em curso. Pode-se dizer o mesmo do coaching. Uma das principais causas de decisões danosas dos gestores é associar os resultados atuais às ações mais recentes.

Finalmente, vale lembrar que mensurar os resultados do coaching gera custos que deverão igualmente ser considerados. A questão aqui é que quanto mais precisa é a apuração e, portanto, mais próxima de um contexto que pede números exatos, mais cara ela é. Definir a melhor relação custo-benefício para isso é algo que fará parte do processo. O que tem sido feito em relação a isso tudo?

Primeiro, perceber o quanto a empresa e os envolvidos no coaching estão preparados para fazer essa mensuração. Responder às perguntas a seguir dará uma ideia do momento atual de sua empresa:

- *Quanto o Departamento de Desenvolvimento Humano é receptivo a apurar resultados que mostrem que coaching não atingiu o que era desejado?*

- *Quanto o Departamento de Desenvolvimento Humano está capacitado a medir resultados de coaching?*

- *Quanto você, coach, está capacitado a fazer essa avaliação, considerando que a capacidade de avaliar resultados não necessariamente é a mesma para ser coach?*

- *Como é para você, coach, uma avaliação rigorosa do resultado que o coaching gerou ou do trabalho que foi desenvolvido?*

- *Quão desconfortável é para os executivos que participaram como coachees terem os resultados desse processo mensurados?*

- *Como é para os envolvidos no processo terem trabalho adicional que a mensuração dos resultados acarreta?*

Em seguida, considerar que coaching é uma atividade com aspectos de ciência e arte. Sua ciência vem da estrutura, metodologias e processos aplicados. A arte vem do fato de lidar com seres humanos. Haverá aspectos que não poderão ser mensurados perfeitamente por números, o que não significa que não sejam relevantes. O quanto uma pessoa está motivada a desenvolver um trabalho dificilmente conseguirá ser medido com a mesma precisão que medimos um EBIT ou a temperatura de uma sala. Isto não quer dizer que a motivação não afeta o resultado final.

Algumas ferramentas existentes não darão uma resposta precisa. Apenas para citar um exemplo, em uma pesquisa 360, quanto do que é respondido pelos participantes é real e quanto é influenciado por fatores emocionais? Se, por um lado, nem tudo que não se pode medir é irrelevante, por outro haverá o que não é relevante, mas que pode ser medido. Ter feito "x" processos de coaching em um ano, com "y" profissionais passando pelos processos, em um total de "z" horas, não é o objetivo que a empresa busca. O que ela busca é o que tudo isso gerou. Isto, sim, é o fim. O restante é o meio para chegar ao final desejado.

Em suas apresentações para aqueles que tomam decisões, mostre os resultados desejados obtidos antes de mais nada. O que eles amam são os resultados. Como terá que fazer isso, então reveja o que tem que mudar para, no futuro, fazer apresentações que encantem sobre o coaching realizado na sua empresa.

Vários são os mecanismos para medir resultados. Para os apresentados aqui, é importante medi-los antes e depois, para comparar as diferenças. Medir depois, quando feito em mais de uma etapa, melhorará a qualidade da avaliação, pois considerará o fator tempo mencionado anteriormente, quando causa (coaching) e efeito (resultados desejados) ocorrerem em momentos diferentes. Assim, pode-se medir os resultados logo após o final da última sessão, assim como também três ou seis meses depois. Medir logo após o final reforça a convicção de que o que se espera do coachee termina com a última sessão, o que não é verdade. A medição algum tempo depois do término do processo está muito alinhada com o conceito de que coaching desenvolve o coachee, de forma que este possa, depois, continuar caminhando com as próprias pernas.

Há casos em que medir e fazer a comparação apenas depois que o processo terminou é indicado. Isto é válido quando benefícios que não tinham sido previstos no início do trabalho são obtidos. Não houve, portanto, como medir no início. Outra situação é quando os envolvidos no processo, por ainda não o terem experimentado, não se dão conta de que a situação inicial pode ser melhorada. Nesse caso, com o término e tendo experimentado significativa evolução, eles poderão ter se tornado muito mais críticos em relação à situação inicial, mudando de opinião sobre esse aspecto.

Suponha que o coachee, no início do processo, dê nota 7 para sua comunicação com os liderados, por não se dar conta do que "comunicar-se com os liderados envolvia". No final do processo, ao perceber a importância de dar e receber feedbacks, da comunicação assertiva, apenas para citar dois exemplos, a nota que ele dá para a situação inicial diminui para 3. Assim, a avaliação apenas no final, mesmo sobre a situação inicial, pode ser muito melhor.

Roy Pollock, Andrew Jefferson e Calhoun Wick[11] sugerem que, ao escolher a metodologia para a medição, é importante considerar se:

> • *O que está sendo medido é relevante em relação ao processo. É fundamental haver uma relação clara entre as metas determinadas para o coaching e o que está sendo medido. Lembre-se de que o quanto o coachee ficou satisfeito com o coaching não é o motivo pelo qual o processo foi contratado, isso para não mencionar que os coachees nem sempre são transparentes nos depoimentos que dão a você. Tenha cuidado também com o seguinte jogo: "Não me exija muito neste processo que eu o avalio bem no final", que pode levar um coach bem avaliado pelo coachee a não ser aquele que contribuiu para os melhores resultados. Se você é profissional de Desenvolvimento Humano, preste atenção a esse aspecto.*

---
[11] 6D – As seis disciplinas que transformam educação em resultados para o negócio. São Paulo: Évora, 2011.

• *A metodologia para a mensuração é confiável.* Esse caso envolve quem mede, como mede, quem está sendo convidado a dar opinião e a quantidade de dados.. Como você interpreta as informações de um discurso político de um governo que enaltece o próprio desempenho em um mandato específico? Quando um executivo é avaliado por pares, evitamos contatar aqueles que estão concorrendo a um cargo ou verba com ele, buscando outras pessoas que possam dar opiniões isentas. A metodologia de obtenção dos dados, assim como os dados a serem obtidos, deve ser o mais voltada possível a fatos. Quanto a quem mede, deverá ser a pessoa ou pessoas que proporcionam a maior confiança possível. Em sua opinião, se os resultados financeiros – se for o caso – que você está apresentando aos membros da empresa foram levantados por você, terão a mesma credibilidade se forem levantados pela área financeira? A definição de quem fará a medição é uma etapa a ser realizada em conjunto com o Departamento de Desenvolvimento Humano e, em alguns casos, o gestor. Então, define-se o que se deseja e quem (pode ser mais de uma pessoa) observará o projeto. Os observadores poderão ser pessoas da própria equipe, além do gestor, que enriquecerão a percepção do coachee com feedbacks.

• *O resultado apresentado é convincente.* Seu objetivo e o do Departamento de Desenvolvimento Humano é realizar processos isolados, ou tornar pessoas um dos diferenciais competitivos da organização, levando os responsáveis por isso a serem mais do que colaboradores operacionais. Nesse caso, significa tornar tal departamento estratégico, sendo fundamental que tais resultados não sejam simplesmente reportados, mas utilizados como um caminho para as pessoas operarem no pico de seu potencial. Trata-se da venda desse conceito e saber vender faz diferença, já que por melhor que sejam os resultados dos processos que você conduz, se as outras pessoas não os perceberem (saiba que elas não os percebem automaticamente), a possibilidade de continuá-los diminuirá.
Para que coaching seja percebido como um dos instrumentos de desenvolvimento, a percepção do tamanho do valor criado terá que ser suficientemente significativa, de forma a interessar quem está no comando e tem poder de decisão.

• Coaching está sendo eficiente. A resposta a essa questão passa por perguntas de coaching para o próprio coach e o contratante:

> **Na opinião dos envolvidos, valeu a pena contratar esse serviço?**
>
> **O que deve melhorar?**
>
> **O que deve mudar?**
>
> Quais recursos existem e podem ser utilizados para isso? Quais precisarão ser desenvolvidos?
>
> **O que melhorei nos últimos dois anos como coach executivo de líderes? Quem, além de mim, também pode responder a essa pergunta?**

As pesquisas 360 têm sido utilizadas em aproximadamente 30% dos processos[12]. O tradicional retorno sobre investimento (ROI), que exige apuração de dados numéricos, também tem sido usado, principalmente por grandes empresas, porém em proporção menor. Há resultados médios superiores a 600% relatados em pesquisas[13]. Outra ferramenta utilizada é a Janela Johari, criada por Joseph Luft e Harrington Ingham. Seu nome vem das sílabas iniciais de seus criadores. Trata-se de um interessante exercício para enriquecer a percepção do coachee quanto às diferenças entre como ele se percebe e os outros o percebem. Como vimos no capítulo 2, no tópico Desenvolvimento pessoal, é estruturada em quatro áreas determinadas, a saber:

---

[12] Sherpa Institute.
[13] ICF. 2009 IFC Global Coaching Client Study. Disponível em: https://coachfederation.org/about/landing.cfm?ItemNumber=830

- *O "eu aberto" ou "arena", características que o coachee e as demais pessoas percebem.*

- *O "eu secreto" ou "fachada", características que apenas o coachee percebe em si mesmo.*

- *O "eu cego" ou "ponto cego", características que apenas as demais pessoas percebem no coachee.*

- *O "eu desconhecido" ou "desconhecido", características que nem o coachee nem as demais pessoas percebem, seja porque não existem, seja porque são por demais profundas e ocultas.*

Na pesquisa realizada durante o período em que escrevi o livro, o que mais as empresas, em sua maioria brasileiras, mencionaram usar são observações de padrões comportamentais. Dessa forma, como num plano de desenvolvimento individual (PDI) ou com base nele, mapeiam-se os comportamentos e as competências desejadas para o coachee e como estes serão observados e medidos.

É importante definir, de forma precisa, quais os comportamentos a serem observados. Desse modo, a avaliação não será subjetiva. Em vez de "ser mais assertivo com seus liderados", deve-se definir o comportamento esperado para "dar feedback corretivo apenas quando estiver sozinho com o liderado". Da mesma forma, não é possível observar o que não é comportamento, como incremento da capacidade de aprendizagem que um coachee tenha eventualmente adquirido com coaching. Veja alguns outros exemplos de comportamentos ou resultados esperados observáveis:

- *Dedicar pelo menos 20% do tempo a encontros de desenvolvimento com sua equipe.*

- *Preparar a equipe para, em um prazo de 60 dias, fazer a reunião mensal de resultados.*

- *Ter uma postura assertiva considerada boa por pelo menos 80% dos funcionários, o que envolverá levar, no máximo, cinco minutos na apresentação, mencionando cinco benefícios concretos do que está sendo proposto.*

> • *Colocar-se no lugar do outro nas reuniões com a equipe, de forma a utilizar as necessidades de cada um dos liderados como meio de motivá-los a conquistar as metas da empresa.*
>
> • *Substituir atitudes agressivas ou argumentativas, quando questionado, por perguntas que levem, antes de qualquer reação, a compreender o ponto de vista da outra pessoa.*

Com base nesses pontos com os quais o coachee contribuiu e concordou serem objetivos a serem atingidos, com a ajuda do coach determinará como isso será feito.

Os demais participantes poderão manifestar opiniões diferentes das do coachee ao longo do processo, o que o enriquecerá. Alguns coachees relataram ter recebido a opinião de terceiros, não apenas no início e no fim, mas também durante o processo. Para o coachee, é uma grande oportunidade de aprendizado e crescimento perceber que, eventualmente, há opiniões diferentes das dele, o que pode ser um material valoroso no trabalho que está sendo desenvolvido. O coach pode ajudar o coachee a se preparar para receber feedbacks. Caso ele perceba que ainda não é possível essa prática de forma direta ele também poderá fazer algumas devolutivas para o coachee.

Perceber mudanças desejadas de comportamento é um bom sinal de que o trabalho foi eficaz. Outro indicativo é o quão natural foi essa mudança. Processos em que mudanças comportamentais ocorrem, mas à custa de grande esforço do coachee ("não explodo mais; apesar de ter muita dificuldade, consigo guardar a raiva"), indicam que ainda há o que ser trabalhado. Mudanças decorrentes de uma real evolução são aquelas em que o coachee adota um novo comportamento naturalmente. Por exemplo: depois de um tempo sem se lembrar de que tirou a carteira de habilitação, alguém dirige um carro tranquilamente.

Em alguns processos, vale ressaltar também que se utiliza apenas a observação subjetiva do coachee. Alguns executivos que entrevistei comentaram que haviam contratado o coaching por iniciativa própria, mesmo sendo pago pelas empresas. Muitos deles sentiram que precisavam de ajuda externa, pois ocupavam um cargo solitário. Eles tinham objetivos próprios e as empresas consideraram adequado contratar coaching nessas condições.

Há coaches que utilizam uma escala de 0 a 10 para perguntar o grau de satisfação do coachee sobre a questão a ser trabalhada. Tal questionamento é feito antes e depois do coaching para comparar os resultados. É preciso ter cuidado com esse procedimento, pois as exigências do coachee, durante o processo de coaching, podem ter aumentado e uma nota baixa não significa necessariamente que não tenha havido evolução.

Em alguns processos, utilizo, no início, as questões a seguir para os demais respondentes, além do coachee. São perguntas válidas quando a meta do processo pode ser divulgada às pessoas que responderão às questões:

- *Especifique três comportamentos que o coachee tem e que você entende que ele deva continuar a adotar para alcançar a meta estabelecida.*

- *Especifique três comportamentos que o coachee tem e que você entende que ele deva abandonar para alcançar a meta estabelecida.*

- *Especifique três novos comportamentos que você sugere que o coachee deva adotar para alcançar a meta estabelecida.*

- *Especifique quais benefícios serão obtidos com as mudanças sugeridas por você.*

- *Especifique o que você se compromete a continuar a fazer, deixar de fazer e começar a fazer para que esses benefícios sejam obtidos.*

As duas últimas questões mostram aos respondentes que eles também participam do processo e contribuem para o objetivo final. Essa percepção muda todo o processo e evita diversos "jogos psicológicos" muitas vezes feitos. Suponha que um coachee tenha pessoas na equipe com as quais a relação esteja muito desgastada. Ressentimentos, assim como outros sentimentos limitantes, estão presentes nas pessoas que se relacionam com ele. É muito comum que elas, consciente ou inconscientemente, desejem que o processo não dê certo e fique caracterizado que o coachee é uma pessoa de temperamento difícil, responsável pelas más relações, devendo ser desligado da empresa. Mostrar que elas também contribuem para a situação existente e até, mesmo que parcialmente, colaboram com o resultado a ser obtido é um convite a mudar esse cenário de limitante para possibilitador.

As competências da liderança que existem na empresa onde o coachee trabalha também são usadas para medição do resultado do coaching. Pede-se para o gestor dar uma nota de 0 a 5 para cada um dos atributos de cada competência no início do processo. Repete-se o procedimento ao final e 6 meses depois do final e compara-se os resultados.

3
ETAPAS DO COACHING EXECUTIVO

REUNIÕES INTERMEDIÁRIAS E DE FINAL DE PROCESSO

Em Sessões de coaching – Comparação da situação atual com a situação desejada (meta), foi abordada a importância de o coachee saber avaliar a evolução de seu processo em relação à meta. Tal procedimento é necessário, porém nem sempre suficiente, pois o coach terá apenas a opinião do coachee sobre como o processo está.

As reuniões intermediárias com o gestor e o Departamento de Desenvolvimento Humano permitem enriquecer as percepções. Participei de processos nos quais os coachees me relataram como percebiam suas evoluções, sendo estas totalmente opostas às das empresas. Quando o coach tem contato com diversas percepções (a do coachee, a do gestor, a do Departamento de Desenvolvimento Humano etc.), eventuais diferenças serão assunto das sessões seguintes e um material muito rico para o processo.

Normalmente, as reuniões com o gestor ocorrem no início, no meio e no final das sessões com o coachee. Assim, em um processo de 12 horas, haverá uma reunião antes da primeira sessão, outra depois de 6 horas de coaching e, finalmente, uma após 12 horas. Podem ocorrer também alguns meses depois, quando alguns resultados puderem ser mensurados, o que, às vezes, não é possível observar após a última sessão de coaching. Há coaches que preferem realizar tais encontros sem a presença do coachee, enquanto outros fazem as reuniões com três ou mesmo quatro participantes, quando o contratante também participa delas.

Outro aspecto importante a ser definido nas reuniões intermediárias é o papel do gestor no processo. Nelas, poderão ser tratados os resultados e aprendizados obtidos, assim como o que será feito a partir disso.

Da mesma forma, reuniões intermediárias ajudam o coach a perceber se o alinhamento de comportamentos de todos envolvidos em busca do resultado desejado está ocorrendo conforme mencionado no capítulo I, no tópico Pessoas envolvidas. Não é raro o coach utilizar técnicas de coaching também com o gestor nesses encontros. Para muitos gestores, será uma experiência nova com a qual não têm muito ou nenhuma prática. Outros poderão ter crenças limitantes a esse respeito. Como coach, esteja preparado para lidar com gestores e funcionários do Departamento de Desenvolvimento Humano que acreditam que:

- *Não têm tempo para isso.*

- *O coachee não conseguirá mudar e atingir as metas.*

- *Poderão ficar expostos em um processo que mostrará os pontos que têm a desenvolver.*

- *Não se sentem à vontade ao utilizarem ferramentas de coaching com seus subordinados ou pares.*

Considere também que ações você ou sua empresa podem adotar para dar suporte aos gestores e contratantes (profissionais do Departamento de Desenvolvimento Humano) que acompanham o processo de coaching.

Finalmente, se quiser ter uma percepção melhor do que representou o processo, entre em contato com o contratante seis meses ou mesmo um ano após seu término. Afinal, os efeitos do coaching não terminam após a última sessão, pois há a construção de uma jornada de desenvolvimento contínua do coachee e, por que não, de todos os demais envolvidos.

4

COACHING EXECUTIVO NA OPINIÃO DOS PARTICIPANTES

> "A liderança existe quando as pessoas não são mais vítimas das circunstâncias, mas participantes da criação de novas circunstâncias."
>
> *Peter Senge*

4
COACHING EXECUTIVO NA OPINIÃO DOS PARTICIPANTES

Para escrever este livro, considerei fundamental agregar minha experiência e conhecimento teórico com os dos executivos, afinal eles são a razão pela qual existe Coaching Executivo. Após ter realizado algumas entrevistas com tais profissionais, percebi que estava com uma percepção limitada desse contexto, uma vez que entrevistava apenas um dos participantes do processo. Tal fato me levou a conversar também com os contratantes, ou seja, os profissionais das empresas que contratam processos de coaching. Em sua maioria, são pessoas que trabalham no departamento de Recursos Humanos. Entrevistei também outros coaches. Falei com pessoas que atuam no Brasil, Argentina, Portugal, Espanha, México, Estados Unidos, Canadá e Inglaterra, em empresas de pequeno, médio e grande portes, de forma a obter uma percepção o mais ampla possível. Não foi difícil perceber que independentemente do país, do tamanho da empresa ou do cargo ocupado, coaching é uma atividade que envolve sempre pessoas com algumas características universais.

Não me preocupei em realizar uma entrevista estruturada. Desde o início, compreendi que seguir esse modelo com tais profissionais seria limitante. Iniciei as entrevistas com três perguntas básicas:

PERGUNTA 1

Por que você contrataria um processo de coaching para um executivo ou líder? (quando o entrevistado era quem contratava o processo).

Por que você contrataria um processo de coaching para si mesmo? (quando o entrevistado era o líder ou executivo).

PERGUNTA 2

Qual é o maior desafio de um líder que está no topo de uma divisão ou organização? (para todos).

PERGUNTA 3

Que mensagem você gostaria que fosse transmitida aos leitores do livro?

Meu objetivo foi estimular os entrevistados a relatar o que desejavam. O objetivo dos encontros foi saber a opinião deles sobre liderança e como o coaching poderia ajudá-los.

As respostas mais recorrentes estão divididas por tópicos e são apresentadas neste capítulo. Nem todos os executivos pensam da mesma forma, mas há uma linearidade de pensamento entre eles ao contratarem coaching executivo.

4
COACHING EXECUTIVO NA OPINIÃO DOS PARTICIPANTES

PERCEPÇÃO QUE O LÍDER TEM DE SI MESMO

Os coachees de um processo de coaching executivo são pessoas que conseguiram chegar a cargos de destaque. Visto que comandam um grande grupo, uma empresa ou mesmo um setor, encontram-se no topo da pirâmide laborativa. A maioria não chegou lá por acaso. Tais profissionais demonstraram competências que vão além do conhecimento técnico. Foram necessárias características como inteligência, competência social, percepção ampliada em cenários complexos, sendo tudo isso reconhecido por meio de promoções, ganho de poder, aumentos salariais e demais benefícios que uma carreira de sucesso proporciona.

Não é raro tais líderes acreditarem que a imagem de sucesso que lhes é atribuída seja uma das razões pelas quais são considerados pessoas diferenciadas. Serem percebidos dessa forma é a condição fundamental para permanecerem no posto em que estão ou continuarem sua evolução profissional. Dessa forma, incorporam a imagem que lhes é projetada como sendo a própria identidade, ou seja, passam a acreditar que são a imagem que projetam aos outros. Essa identificação com a imagem pode ocorrer de forma consciente ou inconsciente. Muitas vezes, acreditam ser profissionais altamente evoluídos que não precisam se desenvolver em questões diferentes de atualizações técnicas. Houve inúmeros casos de empresas que contrataram coaching para um determinado nível hierárquico e, ao serem questionadas sobre a possibilidade de níveis hierárquicos acima também poderem participar do processo, responderam que isso não seria possível, pois tais profissionais não acreditavam que esse tipo de atividade os beneficiaria.

Se, por um lado, acreditar em si mesmo é fundamental para ser líder, a identificação com uma imagem que não corresponde a quem somos induz riscos de não investirmos em áreas como desenvolvimento pessoal e equilíbrio emocional, atualmente cada vez mais importantes na obtenção dos resultados corporativos desejados. Tal ação é consequência da seguinte postura: "Não preciso de ajuda! Cheguei até aqui!".

Em uma das inúmeras conversas que tive enquanto escrevia este livro, um dos executivos consultados comentou um ponto que considerava muito interessante para coaching, mas, logo em seguida, mencionou: "Não que eu precise disso, pois sou muito bom no que faço!".

Coaching executivo foi apontado como um importante processo para ajudar os líderes a se questionarem, sem se sentirem confrontados, e despertarem para questões a serem desenvolvidas e que não foram percebidas. Os processos que abordam tais aspectos possibilitam a obtenção de uma significativa mudança do autoconhecimento, relações humanas com pares, equipes e mercado, o que, por consequência, influi diretamente nos resultados da empresa.

4

COACHING EXECUTIVO NA OPINIÃO DOS PARTICIPANTES

AVALIAR INFORMAÇÕES

Em Etapas do Coaching Executivo - Percepção da Situação Atual de Forma Ampliada, citei o caso de uma empresa cujo imponente líder criou um ambiente onde as pessoas não se sentiam à vontade para se manifestarem. Nesse exemplo, o líder manteve-se inflexível por acreditar em uma realidade que o impediu de adotar as ações necessárias para seu negócio ser bem-sucedido e acabou falindo. A falta de capacidade de avaliar corretamente informações foi também um dos itens que apareceram com frequência na pesquisa. Por que isso acontece? A resposta a essa pergunta pode ser encontrada em outra pergunta e nas reflexões que surgem sobre ela.

Onde você estava em 11 de setembro de 2001? Essa é uma questão para a qual a maioria das pessoas tem a resposta. Muito provavelmente, você não se lembre de onde estava em 11 de setembro de 2000 ou de 2002. Contudo, o 11 de setembro de 2001 foi marcante pela comoção gerada por fatos que ocorreram nessa data. Dessa forma, tornou-se relevante para sua vida. É assim que nossa mente opera. Não temos capacidade de guardar conscientemente todos os fatos, então damos prioridade àquilo que consideramos mais importante. É uma espécie de seleção. Da mesma forma, não conseguimos observar conscientemente tudo o que nos rodeia. Nesse momento, ao ler este livro, caso esteja em um ambiente fechado, provavelmente não saberá qual a marca da lâmpada instalada no local, simplesmente porque tal informação não é relevante para você, assim como inúmeras outras coisas à sua volta. Contudo, se for eletricista ou trabalhar para um fabricante de lâmpadas ou luminárias, talvez tenha notado a marca antes de eu ter mencionado isso no texto. Chamamos o mecanismo que aciona este processo de filtro.

Nem sempre o critério de decisão sobre o que é relevante para os líderes necessariamente se baseia naquilo que é fundamental para o negócio. Fatores como personalidade, experiência de vida, cultura, idade, nível socioeconômico, entre outros, influenciam tais escolhas e, muitas vezes, não se relacionam a uma liderança eficiente voltada à obtenção dos resultados desejados.

As informações coletadas são processadas pelo cérebro que utiliza mecanismos que tornam nossa vida bastante prática e, por isso mesmo, são usados com frequência. Desde o momento em que acordamos até a hora de deitarmos, conseguimos executar uma série de tarefas porque estamos condicionados a fazer algo específico e, com isso, obter um resultado esperado. Se tivéssemos que tomar decisões sobre tudo, mesmo as tarefas mais simples, observar o resultado e, a partir daí, definir o que fazer, seríamos muito menos produtivos. Imagine que, ao acordar, você decidiu tomar banho. Simplesmente, irá ao banheiro, entrará no box, abrirá a torneira de água fria e, depois, a de água quente, girando-as no sentido anti-horário, em uma proporção já conhecida, pegará o xampu, o sabonete, esfregará o corpo em movimentos usuais e depois se enxaguará. Você não precisa concentrar-se nem prestar atenção a cada detalhe para fazer tudo isso. Cada etapa já está programada e as ações podem ser, se você assim o desejar, inconscientes. Temos capacidade de aprender com a experiência e utilizá-la daí em diante. Imagine se não fosse assim. Você acordaria decidido a tomar um banho, mas teria de avaliar como fazer isso. Essa avaliação, que poderia levar dias, concluiria que o melhor local disponível seria o box do banheiro. Ao entrar nele, você teria de realizar uma série de experiências sobre como obter água, até descobrir que seria girando as torneiras, e assim por diante. Você acabou de se tornar extremamente improdutivo.

Além disso, ao mantermos o mesmo padrão de comportamento baseado em experiências anteriores, tendemos a ficar em uma zona de conforto e não correr riscos nem despender esforços para sair dela.

Com base em uma ou várias experiências, quando tiramos conclusões de como serão todas as demais, estamos em um processo chamado generalização, que pode ocorrer em vários níveis. Assim, se compro um automóvel da marca "A" e tenho problemas com ele, posso decidir nunca mais comprar esse modelo de veículo. Generalizei ao considerar que a unidade do produto que comprei representa toda a produção desse produto. Posso generalizar ainda mais e não comprar mais nenhum veículo dessa marca. Dessa forma, a generalização atingiu todos os modelos desse fabricante. Ao ampliar essa linha de raciocínio, suponhamos que essa montadora seja de uma nacionalidade específica. Posso decidir nunca mais comprar veículos dos fabricantes desse país ou, ainda, nunca mais ser proprietário de um carro.

A generalização pode também ser possibilitadora ou limitante. No caso do banho, nos dias de trabalho, é possibilitadora. Há situações, porém, em que a generalização nos impede de considerar outras possibilidades, condição fundamental para a eficiência. Imagine um diretor industrial que acredita que os produtos de sua fábrica são os melhores do mercado, pois tal fato foi verdadeiro em um determinado período, ou o responsável por Desenvolvimento Humano que desconsidera a possibilidade de desenvolvimento de um de seus colaboradores pelo fato de que, durante uma etapa da carreira, ele não apresentou bom desempenho. Um dos primeiros treinamentos que dei na área de coaching foi para líderes de uma montadora de automóveis muito conhecida no Brasil. No segundo dia do programa, um dos participantes que trabalhavam lá havia muitos anos me questionou: "Como devemos agir ao proporos novas soluções e a resposta dada for negativa?". Pedi-lhe para me contar um pouco mais sobre tal situação e perguntei-lhe: "Há quanto tempo isso ocorreu?". De imediato, percebi o efeito que tal pergunta lhe causara, pois, somente após respirar bem fundo, ele me respondeu: "Bem, foi logo após minha promoção, há 12 anos". Após a primeira negativa, ele considerou tal posicionamento definitivo e passou a atuar baseado nessa convicção. Posteriormente, decidiu retomar a proposta anteriormente recusada e recebeu uma resposta totalmente diferente.

Quando nos pautamos por algo do passado, utilizamos a memória. Se você consultar a Wikipédia, verá que há 52 diferentes mecanismos que fazem a memória operar de forma distorcida. O que lembramos ou como nos recordamos de fatos passados não corresponde ao que realmente aconteceu.

Dessa forma, executivos podem se basear em uma realidade passada que pode não ser mais válida e é recuperada de forma distorcida. Ao tomarem uma decisão, esta se pauta em informações incompletas, imprecisas e, em alguns casos, desatualizadas, sendo processadas de forma tendenciosa.

O coaching executivo tem um importante papel ao ajudar líderes a resgatar informações que faltam e não foram percebidas em razão de o foco de atenção deles estar fixo em apenas uma parte do que poderiam ter percebido. Esse processo contribui também para conscientizá-los de seus pensamentos e modelos mentais que tornam suas observações e consequentes decisões tendenciosas, da mesma forma que os auxilia a analisar se suas generalizações estão contribuindo para tomarem decisões eficientes ou operarem como ceifadoras de novas oportunidades.

Veja alguns aspectos interessantes a serem explorados:

Há quanto tempo tal fato ocorreu? Como sabe que ainda é verdadeiro? Na opinião de quem?

Quando tal fato não ocorreu?

Quem age de modo diferente acredita no quê? Qual é o resultado obtido com essa atitude?

Quem são as pessoas com opiniões diferentes que as manifestam para você?

Se não acreditasse nisso, o que faria (ou quem seria)? O que aconteceria?

Dê-me quatro diferentes possibilidades para o que você está me relatando.

O fato de que quanto mais se ascende no mercado de trabalho, mais solitária é a posição ocupada por um líder foi mencionado por vários participantes da pesquisa. Algumas das perguntas anteriores convidam os líderes não só a buscar outras fontes de informação, mas também outras opiniões e levá-las em consideração. Muitos mencionaram estar em busca de uma pessoa com quem pudessem trocar opiniões. Tal ação favorece a criatividade, que é encontrada ao se buscar respostas fora da empresa onde se trabalha. Nem todos os líderes, porém, mencionaram procurar pessoas isentas e sem interesse para assumir esse papel. Quando eles trocam informações com terceiros há uma tendência de o fazerem com aqueles com quem têm alguma afinidade e isso leva a opiniões muito parecidas. As pessoas próximas aos líderes nem sempre os questionam seja por medo ou por interesses pessoais como já vimos anteriormente.

A história nos traz um exemplo muito interessante de como avaliar informações ou fatos, de forma totalmente diferente, dependendo de quem os interpreta e que pode ser inspirador para líderes que buscam ser questionados e terem suas percepções da realidade enriquecidas. Fernão de Magalhães, navegador português, organizou a primeira viagem de volta ao mundo entre 1519 e 1522. Ele morreu durante a viagem, não tendo chegado ao destino final. O mais interessante são as inúmeras versões relativas à sua morte.

Para os espanhóis, que patrocinaram a viagem, Magalhães era um explorador corajoso. Suas ideias foram usadas pela Nasa ao enviar a primeira nave tripulada para a Lua. Ao não conseguir seu intento com a Coroa portuguesa, teve coragem de fazer a expedição com a ajuda dos espanhóis, mas foi assassinado durante a viagem.

Para os filipinos, habitantes do local onde Magalhães morreu, ele era um assassino invasor. No porto de Mactan, há uma imensa estátua de Lapu Lapu, com quem travou a última batalha. Com uma lança rígida na mão, Lapu Lapu olha de forma protetora para o oceano. É visto como o corajoso combatente filipino que expulsou os invasores. Um obelisco branco comemora a feroz batalha entre os europeus e os filipinos. Nele estão escritas duas versões bem distintas dos fatos. Em uma das faces do obelisco, há a versão europeia que diz: "Aqui, em 27 de abril de 1521, o grande navegador português Fernão de Magalhães, a serviço do rei da Espanha, foi assassinado pelos filipinos nativos". Na outra face, há a versão filipina: "Aqui, neste local, o grande chefe Lapu Lapu combateu Fernão de Magalhães, matando-o e repelindo seu exército". No conceituado livro Marco Polo – De Veneza a Xanadu, sobre a viagem desse explorador, o historiador Laurence Bergreen comenta que essa versão é, naturalmente, mais popular nas Filipinas, onde o nome de Fernão de Magalhães é repudiado e visto com desprezo em relação às circunstâncias de sua morte. Todo os anos, em abril, há a apresentação de uma peça teatral da batalha de Mactan na praia onde o embate ocorreu. Lapu Lapu é representado por uma estrela de cinema, enquanto Magalhães, por um soldado profissional. Milhares de pessoas se reúnem para assistir à representação entre o quase nu lutador filipino e o invasor de armadura que sucumbe às ondas do mar.

Como podemos verificar, a forma como percebemos uma situação, não havendo nenhuma intenção de julgá-la certa ou errada, condiciona o que fazemos, podendo nos limitar ou criar possibilidades. Vimos como o coaching nos oferece alternativas. É como se abrisse cada uma das portas de um longo corredor para o coachee perceber uma nova perspectiva. Cada porta aberta mostra possibilidades como se fosse uma sala. Simplesmente olhar e seguir adiante ou entrar e se maravilhar com o que há lá dentro é uma decisão que cabe totalmente ao coachee.

4
COACHING EXECUTIVO NA OPINIÃO DOS PARTICIPANTES

CONHECER A NATUREZA HUMANA E SEUS FATORES EMOCIONAIS

Em algumas partes do livro, mencionei como os fatores emocionais influenciam o desempenho do líder. Quando somos chamados pelas empresas para realizar coaching com os executivos, raramente o tema principal se relaciona a aspectos técnicos dos cargos dessas pessoas. Ele está ligado aos emocionais. Nessa área, há várias questões que afetam diretamente os resultados e às quais as empresas cada vez mais estão se voltando.

Muitos coaches e profissionais do DH relataram que se, por um lado, os executivos bem-sucedidos são muito competentes tecnicamente no que fazem, sabem lidar muito bem com fatores políticos e se dedicam ao trabalho, por outro lado precisam se desenvolver muito no que diz respeito a serem conhecedores da natureza ou personalidade humana. Tal aspecto parece ser o verdadeiro calcanhar de Aquiles de muitos deles. Vários depoimentos relataram situações em que eles não entendiam por que as pessoas ou eles mesmos se comportavam de uma maneira específica que não era a esperada nem desejada.

Alguns exemplos que presenciei em processos de coaching que conduzi:

Adolfo, diretor de Recursos Humanos de uma empresa da área de prestação de serviços, não entendia por que Francisco, que tinha o maior salário entre seus 17 pares, se sentia desprestigiado.

Anísio, presidente de uma empresa no setor de transportes, incomodava-se muito com o comportamento de Mendes, seu diretor comercial, que gerava excelentes resultados, mas era extremamente agressivo com seus pares e subordinados.

Sonia, diretora comercial de uma empresa no setor metalúrgico, com excelente formação e conhecimento em liderança, não conseguia delegar, principalmente decisões, como deveria.

Raul, gestor de uma empresa na área de materiais de escritório, não compreendia por que era visto como alguém distante da equipe, uma vez que mantinha contato com todos nas reuniões que agendava e também os cumprimentava ao chegar ao trabalho e ao sair dele.

Todos nós temos uma parte inconsciente e, ao mesmo tempo, absurdamente poderosa que comanda pensamentos, emoções e comportamentos. Mesmo que nossa parte consciente queira o contrário, se a outra se opuser, quem definirá a emoção a ser sentida ou o comportamento a ser adotado será o inconsciente. Se você tem alguma dúvida a esse respeito, então tente não sentir medo quando estiver amedrontado. Pense em quantas vezes decidiu fazer algo e depois não conseguiu. Entender que o ser humano muitas vezes não faz o bem que quer, mas sim o mal que não quer, principalmente se movido por forças inconscientes, torna-se um grande desafio. Quando o líder entende e conhece isso, sua missão é facilitada e ele se torna muito mais eficiente, seja para lidar consigo mesmo, seja para lidar com os outros.

Na Iluminatta, trabalhamos muito com o eneagrama. Trata-se não só de um poderoso mapa da personalidade humana, mas também de caminhos de evolução. Seja nos livros que constam na bibliografia, seja nos nossos programas, é possível ter acesso a esse profundo conhecimento que, muito ao contrário de definir padrões para as pessoas e rotulá-las, convida-as a sair do que as aprisiona sem terem percebido.

Dessa forma, é possível entender que Francisco, do exemplo mencionado anteriormente, é viciado em se comparar de forma desfavorável aos outros. Igualmente, Mendes é agressivo e isso se manifesta no fato de acreditar que este mundo é uma selva e somente os fortes sobrevivem no mercado de trabalho. Sonia tem como valor fundamental a imagem que precisa transparecer aos outros, sentindo-se indispensável ou a melhor, enquanto Raul se sente drenado ou improdutivo com tantas solicitações de sua equipe e, sem perceber, isola-se ou se afasta de todos.

Nesse momento, o coaching pode transcender comportamentos ou competências e trabalhar a identidade ou mesmo o nível espiritual do cliente. Em vez de simplesmente considerar que o cliente está ali para ser o melhor gestor da empresa, deve considerar que está ali para ser a melhor pessoa que pode ser.

Com essa perspectiva, o coach passa a ajudar o coachee a buscar equilíbrio entre o ego (ou personalidade) e a essência, não sendo necessários mecanismos limitantes de defesa.

O coaching voltado a níveis mais altos que comportamentos ou competências atuará com questões relacionadas à identidade ou à espiritualidade, estabelecendo uma conexão com algo superior. Espiritualidade não necessariamente se relaciona com religião, mas sim com aquilo que transcende, que ultrapassa os limites do "eu" e está acima de todo o restante material ou pessoal. Foi transformador quando Raul foi da inveja à equanimidade, Mendes, da agressividade à serenidade, Sonia, da conexão com a imagem à conexão com a autenticidade, e Raul, do excesso de trabalho ao desprendimento. Em todos esses exemplos, tais pessoas se tornaram melhores líderes com ótimos resultados para as empresas em que trabalhavam. Os novos comportamentos que surgiram permaneceram.

Os fatores emocionais afetam intensamente como percebemos uma determinada situação.

São representadas duas realidades: a que realmente existe, se é que podemos mencioná-la dessa maneira, sendo denominada existente, e aquela percebida pelo executivo. Ambas nunca serão iguais em razão de fatores emocionais e daqueles comentados em "Avaliar Informações". Os mais relevantes que apareceram na pesquisa foram:

> • *Pressão por obter resultados de curto prazo, ignorando-se as consequências de médio e longo prazos. A realidade percebida só considera o momento atual, levando a soluções de hoje que serão os grandes problemas de amanhã. Sob uma perspectiva diferente, podemos dizer que os grandes problemas atuais foram soluções do passado.*
>
> • *A ideia de mudar tudo. Líderes que acabaram de assumir um novo cargo creem ser necessário mostrar que são melhores do que o antecessor, principalmente aqueles cuja imagem é seu valor principal. Aqui, o foco muda do que é melhor para o que não é igual.*

• Medo. O foco dos líderes passa a enfatizar o que pode dar errado. Se, por um lado, considerar as ameaças em um cenário é fundamental e possibilitador, por outro tal prática se torna limitante, visto que os líderes sentem uma necessidade exagerada de segurança e não conseguem caminhar adiante.

• Ego inflado, fazendo-os se sentirem melhores do que realmente são e os demais muito piores. Trata-se da típica posição "Eu estou ok; você não está ok".

• Bônus. O foco do trabalho passa a ser a gratificação e não necessariamente o que é melhor para a empresa, pois nem sempre ambos estão relacionados.

Há algum tempo, ocorreu um fato que me mostrou o que nosso lado emocional pode causar. Uma vez, ao trabalhar com uma empresa da área de alimentos, decidi conversar com os clientes nos pontos de venda para saber a opinião deles sobre o atendimento nas lojas. Várias pessoas relataram estar insatisfeitas com o serviço prestado. Logo em seguida, comprei um dos produtos à venda e tive a sensação de que o atendimento estava longe de ser bom. Ao conversar com o presidente da empresa na Espanha, para a minha surpresa, ele mencionou que um dos diferenciais competitivos em seu país era a qualidade do atendimento ao consumidor, um dos melhores entre todas as filiais do mundo.

Cabe ao coach questionar os aspectos anteriores que o executivo não percebe no dia a dia. Mais uma vez, como não há interesses políticos nem julgamento, há mais chances de as perguntas serem mais bem recebidas. Assim, minha postura não foi: "Nossa, ele não sabe que o atendimento das lojas é muito ruim! Como posso fazê-lo perceber isso?". O estado de curiosidade do coach passa por: "Interessante! A opinião do presidente não confirma o que as pessoas dizem nas lojas. O que não sei ou não consegui perceber? Vou questioná-lo".

Não conhecer a natureza humana nos faz acreditar que somos todos iguais. Um líder workaholic exigirá, mesmo que inconscientemente, que sua equipe seja igual. Coaching voltado ao conhecimento da natureza humana ajudará o líder a sair do "faça para os outros aquilo que deseja que façam para você" para "faça para os outros aquilo que desejam que você faça para eles", obtendo os resultados desejados pela empresa. Ao ser eficiente nos aspectos emocionais, o líder saberá lidar melhor com as necessidades e reconhecerá as ações dos liderados. Da mesma forma, olhará para si mesmo e perceberá seus mecanismos limitantes e possibilitadores.

Quanto mais equilibrada for a pessoa que conduz um departamento ou empresa, melhor será o desempenho de sua equipe, pois ela estará conectada às necessidades de seus colaboradores. Em uma das entrevistas que fiz com o principal gestor de uma rede de restaurantes em São Paulo, voltada à classe média alta, ele comentou que uma de suas unidades havia apresentado resultados bastante insatisfatórios durante janeiro daquele ano. Era comum realizar uma pesquisa de satisfação que, além de fatores como preço, qualidade da comida e espaço, avaliava o desempenho da equipe local. A nota da unidade para esse critério vinha diminuindo seis meses antes de janeiro, período em que a gestora do restaurante começou a ter sérios problemas com o marido. Esse exemplo mostra que contratempos na vida pessoal haviam mudado o estado emocional dela, afetando sua relação com a equipe e, por consequência, com os clientes, gerando os resultados mencionados.

Se você já trabalhou em empresas familiares, provavelmente passou por situações em que fatores emocionais influenciaram bastante os resultados obtidos. Como coach, você tem a oportunidade de convidar seus coachees a entrar em contato com os fatores emocionais, perceber como afetam o negócio e investigar uma trilha de desenvolvimento para novas opções muito mais possibilitadoras para eles, para a equipe, para os clientes e, por consequência, para o negócio.

4
COACHING EXECUTIVO NA OPINIÃO DOS PARTICIPANTES

CRIAR CONFLITOS SAUDÁVEIS

Um dos temas relativos ao desenvolvimento dos executivos é eles passarem a promover conflitos saudáveis e construtivos e perceberem o quão perigoso é a unanimidade de ideias. Há vários exemplos de equipes inteiras que se prejudicaram por terem certeza de que estavam agindo corretamente, ao serem induzidas por uma ideia inicial do líder da empresa ou do departamento.

Ter capacidade de enfrentar conflitos e chegar a um consenso eficientemente é uma das diferenças dos líderes de sucesso. Em "Why great leaders don't take yes for an answer", Michael Roberto menciona que os executivos devem reconhecer que o processo de decisão se desenvolve em vários níveis da organização e não apenas na sala do executivo principal. Eles precisam ser receptivos a opiniões divergentes, gerenciar desentendimentos gerenciais e estabelecer acordos em todos os níveis. Se agirem de forma diferente, estarão se valendo do cargo para impor uma decisão ou opinião pessoal. Além disso, o momento para os líderes se imporem varia. Muitos executivos não externam suas opiniões de imediato. Eles ouvem, primeiramente, opiniões divergentes e, em seguida, tomam uma decisão.

As perguntas a seguir contribuem para que os líderes avaliem se em seu departamento ou empresa há conflitos saudáveis, generativos, possibilitadores ou desagregadores e limitantes:

Qual é o resultado que você obtém após um conflito na empresa?

O que fazer para que os conflitos sejam uma sadia fonte de pensamento sistêmico para a tomada de decisões eficazes?

**Que exemplos você pode me dar de situações em que encorajou as pessoas a encontrarem uma solução comum após um conflito?
Qual foi o resultado obtido?**

Quando ocorreu um conflito saudável pela última vez?

Como funcionam os grupos de debate de ideias em sua empresa/divisão/departamento?

Como as propostas são debatidas em sua empresa? Quais técnicas são utilizadas?

Em sua empresa, as pessoas dizem sim, quando, na verdade, gostariam de dizer não? Como você sabe?

Quem são as pessoas que não esperam você dar sua opinião para manifestarem as delas? Quem são as que nunca agem assim?

Em 1965, Bruce Tuckman da Universidade de Ohio, publicou uma de suas teorias relacionadas à formação de equipes, mencionando que havia quatro etapas nesse processo:

• *Formação: quando a equipe é realmente construída. Nessa etapa, os membros passam a participar de uma equipe. O foco é incluir pessoas no trabalho de equipe, fazendo-as se conhecerem melhor e transmitir informações, assim como trabalhar aspectos emocionais do tipo: "Serei aceito?" ou "esse líder é competente para exercer esta função?". As perguntas principais a serem respondidas nessa etapa são "por que estamos juntos aqui?" ou "por que essa equipe existe?". Caso não sejam feitas, corre-se o risco de se reunir pessoas, mas sem constituir uma equipe.*

• *Tempestade ou conflito: quando diferenças de ideias e, por consequência, conflitos são manifestados. Nessa etapa, o líder fará diferença ao conduzir uma equipe que não sobreviverá a essa fase e aquela que se fortalecerá com os contratempos. Os membros dão feedback ao manifestarem suas opiniões. O foco é incentivar o equilíbrio entre se manifestar e ser receptivo para ouvir os outros.*

• *Normatização: momento em que a equipe define as regras segundo as quais deve operar. Essa etapa deve vir depois da tempestade ou conflito. Os membros aproveitam os feedbacks dados durante o conflito e tentam conhecer melhor a natureza humana, por meio das relações ganha-ganha, e seguir os objetivos a serem atingidos, enquanto todos os temas são tratados pelos participantes da equipe. Aqui, trata-se antes o "porquê" para, depois, ir para o "o quê" e, por fim, ao "como", que envolve "quem fará o quê". Nesse momento, sistemas e processos são estabelecidos.*

• *Desempenho: após as três primeiras etapas, é o momento em que a equipe produz visando atingir resultados acima da média. Os membros passam a gerar resultados que nem todas as equipes conseguem. O foco não é apenas que cada um faça o seu melhor, mas que a equipe seja a melhor de todas.*

Posteriormente, em 1977, um quinto estágio foi adicionado por Bruce:

*   *Encerramento: momento em que a equipe encerra as atividades. O foco inclui o aprendizado obtido com a experiência e o reconhecimento do que cada um produziu. Uma opção para prosseguir essa etapa é a transformação, que difere do encerramento, pelo fato de que a equipe, após finalizar a tarefa à qual foi incumbida, dirige-se a outra tarefa ou objetivo.*

O que acontece a uma equipe que se volta a normatização ou desempenho após ter sido formada sem passar pelos conflitos saudáveis? Estará na melhor fase? Haverá comprometimento de cada um dos membros para enfrentar problemas, superar desafios e encontrar soluções? Novos aprendizados serão assimilados por todos segundo a experiência de cada um? A prática mostra que normalmente a resposta a essas perguntas é "não", pois insatisfações ou opiniões divergentes não manifestadas operarão contra a otimização daquele trabalho. Mais cedo ou mais tarde, das mais diversas formas, isto será manifestado, porém em momentos inoportunos quando resultados indesejados aparecerem.

O Coaching Executivo ajuda os coachees a entrarem em contato com todos esses aspectos, assim como com o desconforto que a "tempestade" proporciona para alguns e a dificuldade de alguns saírem dessa etapa, tornando o relacionamento tenso.

Quando os líderes percebem que há conflitos saudáveis e sentem-se seguros em manejá-los, o temor de que provocarão rupturas desaparecerá e eles os utilizarão com todas as possibilidades positivas que proporcionam. Em vez de desconfiança, fofocas e surpresas, surgirá um ambiente transparente, receptivo e produtivo.

4
COACHING EXECUTIVO NA OPINIÃO DOS PARTICIPANTES

PENSAMENTO SISTÊMICO

O pensamento sistêmico é um dos pontos bastante mencionados pelas pessoas que participaram da pesquisa.

Entende-se por sistema o conjunto de elementos que se inter-relacionam, com um objetivo comum, em uma contínua relação de mudança e influência. Dessa forma, o indivíduo é um sistema ou mesmo o agrupamento de vários sistemas. Não falamos em sistema digestivo ou respiratório? Eles não pertencem a um único indivíduo? Da mesma forma, uma empresa, a família, um departamento e o mercado são sistemas.

Muitas vezes, os executivos não consideram o sistema ao tomar decisões. Isto fica evidente quando eles não avaliam as consequências geradas pelos seus comportamentos. Parece haver um filtro de onde observam apenas aquilo que lhes interessa. Poucos conseguem dominar a dinâmica social de uma decisão.

Em A quinta disciplina, Peter Senge explora aspectos abordados na pesquisa. Segundo ele, o pensamento sistêmico é uma disciplina para visualizar o todo. É um quadro referencial para ver inter-relacionamentos em vez de eventos, padrões de mudança em vez de fotos instantâneas. Ao analisarem um contexto, o grande desafio dos líderes é ficarem expostos a detalhes complexos. Um deles é a complexidade dinâmica, situação em que causa e efeito são sutis, na qual os efeitos das intervenções, ao longo do tempo, não são óbvios. A complexidade dinâmica surge quando uma mesma ação provoca efeitos drasticamente diferentes a curto e a longo prazo, assim como um conjunto de consequências localmente e um outro conjunto muito diferente em outra parte do sistema.

Durante a guerra fria entre Estados Unidos e União Soviética, por exemplo, cada país, segundo sua necessidade de proteção, se armava cada vez mais em relação ao outro, sem perceber que tal atitude contribuía para manter essa situação. Visualizar somente as ações individuais e ignorar a estrutura subjacente a essas ações constitui a essência de nossa sensação de impotência em situações complexas. Segundo a perspectiva sistêmica, todos são responsáveis pelos problemas gerados por um sistema. Tal fato torna a linguagem sistêmica muito mais desafiadora de ser descrita e utilizada. Nossa linguagem do dia a dia é linear, portanto limitada, levando-nos a uma visão limitada das situações em que estamos inseridos.

Ao longo da pesquisa, foram citados vários exemplos de bônus de curto prazo lesivos às empresas em médio e longo prazos, ou mesmo situações em que o bônus favorecia apenas os níveis hierárquicos superiores da empresa, que reclamava da falta de comprometimento da base. Situação semelhante também ocorreu com os prêmios dados ao setor de vendas baseados em faturamento quando a empresa desejava lucratividade. Confundiu-se o meio com a meta final desejada. Outro exemplo que apareceu foi do prêmio destinado ao melhor funcionário de um departamento em um momento em que a empresa desejava estimular o trabalho em equipe.

Algumas perguntas que podem avaliar melhor o coachee são apresentadas a seguir. Nelas, há um pouco da linguagem técnica de sistemas que pode ser adaptada a cada coachee:

Que sistemas estão envolvidos ou são influenciados neste contexto?

Quem mais faz parte desse processo?

Todos que participam dele foram considerados?

Alguém ou algo foi excluído? Como isso foi e é tratado? Os impactos dessa ação são percebidos pelo sistema?

Você tem alguma dúvida a que sistema pertence?

Alguém quer deixar o sistema?

Você sente que pertence a esse sistema? Se não, qual é o impacto disso?

Os papéis e a responsabilidade de todos foram definidos? Existe sobreposição entre eles? Qual?

Que lugar você ocupa? Em sua opinião, é adequado? E na opinião dos outros? Quem poderia ocupar o lugar que não é seu?

Quem pode estar se eximindo das responsabilidades?

Há equilíbrio entre o que se dá e o que se recebe nas relações desse sistema?

Quais relações podem estar desequilibradas? Qual é o impacto disso em curto prazo? E a longo?

O que pode ser feito para equilibrar o que está em desequilíbrio?

De que forma você contribui para os resultados indesejados que estão sendo obtidos?

O texto a seguir foi preparado por Cláudia Fernanda Cruz, profissional formada em sistemas organizacionais e treinadora de constelações sistêmicas organizacionais, com ampla experiência em coaching de líderes.

Faz parte do dia a dia do executivo apontar a direção a tomar, o que inovar, lidar com problemas e buscar soluções quando os resultados obtidos não são os desejados. Muitas vezes, quando há contextos problemáticos, várias decisões são tomadas, alternativas, testadas, não sendo encontrada uma solução satisfatória. Em algum momento, o executivo sentirá que não há opções a adotar.

Vamos ilustrar essa situação com o exemplo da empresa de caldeiras de Roberto, Olavo e José Carlos com um olhar voltado ao pensamento sistêmico. O sócio e presidente da empresa de ferramentas industriais estava enfrentando um período de queda nas vendas de seus produtos, sem haver nenhuma razão aparente para isso. A empresa estava no mercado havia dez anos, apresentava um crescimento robusto, o que a levou a estruturar melhor a gestão comercial, criando uma diretoria, na qual só existia uma gerência. Durante a reestruturação, o gerente de vendas, o único responsável pela área comercial na época, foi convidado a abrir uma representação da empresa e deixar de atuar em seu departamento onde ele havia atuado por 10 anos. Para ele, tal ação representou um elevado ganho financeiro. Ele não tinha sido considerado para ocupar a função de Diretor Comercial. Além dessa mudança, nenhuma outra foi notada. Não havia novos concorrentes no mercado nem produtos que pudessem subtrair as vendas, não havia crise econômica na época nem alteração nos preços ou no marketing, sendo os vendedores altamente capacitados. Em busca de soluções para compreender a queda das vendas, várias tentativas foram feitas, sem ocorrer nenhuma melhora significativa.

Nesses momentos, uma pergunta a fazer é "o que ainda não se sabe ou não se vê que se fosse visto e entendido daria subsídios efetivos para adotar ações inéditas para alcançar os objetivos desejados?". Nesse momento, a visão e o trabalho sistêmico podem ser muito úteis.

A empresa mais bem-sucedida é aquela que aprende. A capacidade de aprender mais rápido do que os concorrentes pode ser a única vantagem competitiva sustentável. Para isso ocorrer, é necessária uma ampliação da consciência. O pensamento sistêmico pode ajudar a esclarecer os padrões que se apresentam e ensinar como os modificar efetivamente.

Vivemos em um mundo onde tudo está interligado, havendo conexão e troca onde quer que estejamos. Como seres humanos, participamos de grupos desde nosso nascimento e tanto nós quanto os grupos que chamamos de sistemas buscam sobreviver e evoluir, não importando se são uma família ou organização.

O pensamento sistêmico indica que muitas vezes não basta olhar nem trabalhar com cada parte do sistema individualmente, quando buscamos resultados e tentamos criar uma realidade diferente da que temos. Em vez disso, convida-nos a lançar nosso olhar para as relações e trocas que ocorrem entre os elementos constituintes, suas grandes teias de relacionamento e influência mútua, onde cada componente ao mesmo tempo afeta e é afetado. Vale ressaltar que o resultado obtido por um sistema deriva dessas relações e cada sintoma faz parte da busca por harmonia e sobrevivência desses sistemas. Para um sistema sobreviver, todos os elementos precisam fazer parte dele e ter um lugar definido, havendo equilíbrio nas trocas, entre o que se dá e o que se recebe.

No caso de nosso cliente, ao usarmos a visão sistêmica, pudemos olhar essas relações e, assim, novas informações vieram à tona:

> • *O ex-gerente que abriu a representação continuava focado na equipe comercial, pois ligava para os vendedores todos os dias. Sentia-se não reconhecido e valorizado, apesar da oportunidade pessoal que a representação comercial significava.*
>
> • *A equipe continuava conectada com o ex-gerente, ou seja, era fiel ao gestor anterior, um profissional admirado como líder. Perguntavam-se: "Como ele pôde ser demitido após dez anos de dedicação e de ter apresentado resultados excelentes?".*

- *A equipe não aceitava o diretor contratado, que, dessa forma, não se sentia respeitado por ela.*

- *A equipe não tinha energia para realizar as tarefas e dividia-se entre sentimentos limitantes de injustiça, medo e insegurança. Alguns até pensavam: "Se a empresa agiu dessa forma com o antigo gestor, imagine o que poderá fazer conosco também?".*

Ter essa visão sistêmica e perceber as dinâmicas e forças que atuam de forma inconsciente nos elementos do sistema nos dá condições de agir em vez de reagir e, ao sair da reatividade, estabelecer os passos seguintes com clareza e criatividade.

No caso desse cliente, o passo seguinte para solucionar esse impasse foi o sócio presidente reconhecer publicamente as grandes contribuições do ex-gerente à empresa, durante os dez anos em que atuou nela. Ele se propôs a homenageá-lo na convenção de vendas que ocorreria no mês seguinte.

Com essa solução inédita, definiu-se um novo ponto de partida para a área comercial, tendo todos sido incluídos e reconhecidos. Uma nova ordem pôde ser criada, restaurando o equilíbrio entre o que se dá e o que se recebe, garantindo, assim, a sobrevivência desse sistema. Esse foi apenas um exemplo das inúmeras aplicações da visão e do trabalho sistêmico, trazendo à tona um quadro mais abrangente para implantar novas soluções.

4

COACHING EXECUTIVO NA OPINIÃO DOS PARTICIPANTES

EMPRESA ESPIRITUALIZADA

Foi com muita satisfação que percebi que o tema empresa espiritualizada apareceu nas pesquisas que realizei. Considero que espiritualizada também significa humanizada. Há dez anos, esse não era um tema relevante, contudo tem mudado com uma velocidade significativa. Nos programas abertos de autodesenvolvimento que realizamos, cada vez mais há a participação de pessoas enviadas pelas empresas. Também há concentração de profissionais de Desenvolvimento Humano nesses grupos e a participação de gestores de outras áreas também tem crescido significativamente. No final de cada programa, há vários relatos de como os conceitos transmitidos e vivenciados geraram transformação e serão úteis nas empresas onde os participantes trabalham, pois afetarão positivamente não apenas os colaboradores, mas também clientes e a sociedade. A mentalidade anterior de que olhar o negócio além das necessidades e benefícios da empresa, com a perspectiva de algo muito maior, era sinônimo de baixo desempenho ou perda de foco do negócio está mudando. Tal postura retém talentos e clientes que passam por uma experiência diferenciada ao entrarem em contato com esse tipo de empresa, além de estimular os colaboradores a operarem no pico de suas capacidades. Esse espírito não impede que metas sejam estabelecidas e resultados, cobrados.

Em uma conversa com Rosemeire Zilse, diretora comercial de uma empresa do segmento de lubrificantes, ela mencionou um importante conceito: "Não devemos dizer que somos humanistas ou humanos, pois isso é muito paternalista. O líder que não considera ou considera pouco o lado humano pode até desempenhar bem seu papel, mas poderia agir muito melhor. A liderança se estabelece por medo ou conveniência e pouco por admiração ou conexão com valores fundamentais. Da mesma forma, o líder que gera resultados passa a ser respeitado por sua equipe, o que é fundamental para aqueles que querem levar adiante uma política voltada ao ser humano".

Muitas vezes, experiências muito simples, como tomar café em um ambiente extremamente agradável antes de se dirigir ao trabalho, podem mudar o dia do funcionário. Segundo Manuel Fezas-Vital, presidente de uma empresa portuguesa no ramo alimentício, a empresa humana atrai e retém com mais facilidade talentos, mantendo-os motivados. Possui um diferencial competitivo que gera motivação: o chefe que comanda subordinados torna-se um ser humano que lidera um grupo de seres humanos. Mesmo os executivos entrevistados que acreditam que esse conceito ainda está longe de ser adotado afirmaram que empresas espiritualizadas e humanas têm equipes muito mais motivadas. Muda-se do foco "o que fazemos" ou "como fazemos" para "por que fazemos" e esse "por que" está acima dos interesses pessoais ou da empresa.

Segundo Simon Sinek, desenvolvedor do conceito golden circle, não se contrata alguém porque essa pessoa precisa de um emprego, mas forma-se uma equipe que acredita no que o líder acredita. No primeiro caso, o funcionário trabalhará pelo dinheiro, pelo cargo e pelo poder. No segundo caso, trabalhará por uma causa. O comprometimento e o desempenho serão significativamente maiores. Quando nos conectamos ao "por quê", algo que as empresas espiritualizadas fazem muito bem, entendemos por que alguém como Martin Luther King Jr. conseguiu reunir mais de 250 mil pessoas não só para ouvir seu discurso, mas para mobilizá-las em torno de uma causa. Não houve convites e, em 1963, não havia internet nem mídias sociais. Algumas pessoas talvez pensem que ele era o melhor orador de seu tempo ou tinha o suporte de alguma organização que lhe proporcionava um elevado retorno financeiro, mas essas não foram as razões para ele receber a atenção e o engajamento que obteve. Ele estava conectado a uma causa maior que transcendia a si próprio. Esse propósito maior o ligava ao "por que" ele fazia o que fazia. Aqueles que acreditavam nas mesmas ideias dele foram ouvi-lo. O que ele acreditava ia muito além dos interesses pessoais. Estava conectado a uma causa maior. Ninguém foi ao comício por causa dele, mas sim por uma crença. Os líderes que realmente lideram inspiram pessoas. Os demais detêm uma posição de poder ou autoridade. Veja algumas perguntas importantes a serem questionadas aos líderes:

> **Existe um "por que" que transcende interesses pessoais ou da empresa? Quem está trabalhando lá por causa disso?**
>
> Quem da sua equipe trabalha por uma causa que transcende os interesses pessoais imediatos? Como você sabe disso?
>
> **Quem da sua equipe trabalha por interesses pessoais como o dinheiro?**
>
> Como líder, você é seguido por que as pessoas têm de segui-lo ou por que querem segui-lo?
>
> **Como descobriu isso?**

Uma empresa que trabalha focada no "porquê" é a Apple, visto que não se posiciona no mercado nem para seus colaboradores como a fabricante do melhor computador mundial (o quê). Manifesta-se como uma empresa que desafia o status quo e pensa diferente (por quê). A maneira que desafia o status quo é fabricando computadores com designs arrojados, fáceis e amigáveis de usar (como), tornando-os ótimas máquinas (o quê). Note que "o que" vem por último e não é a razão principal. Nem toda empresa conectada no "por que" é espiritualizada. Já o contrário sim. Empresas espiritualizadas estão conectadas a um "por que" que as liga a algo além delas mesmas.

Veja a seguir um interessante texto de Pedro Ivo Moraes que na época em que eu escrevi este livro estava desenvolvendo uma uma pesquisa relativa a esse tema e que acabou gerando o livro A Empresa Espiritualizada.

Há mais de 200 anos, a maioria das corporações trabalha com os mesmos padrões. A lógica da revolução industrial está presente hoje no que conhecemos como "organismos", seja corporativo, educacional ou governamental. O modo de pensar e a estrutura que a maioria das empresas utiliza atualmente são os mesmos do século XIX.

O problema de operar nesse padrão é que a consciência do mundo, obviamente, não é a mais a mesma de antes e, cada vez mais, não se adapta a esse antigo sistema que ainda é aplicado e repetido como se nada houvesse mudado. Questionar esse padrão ajuda a entender o que de bom e ruim tivemos em outras épocas, mas também qual caminho fará mais sentido daqui em diante. Em que período estamos entrando?

Esse descompasso entre a empresa que temos e a empresa que queremos gera um alto índice de problemas no dia a dia das corporações: equipes desfocadas e sem consciência de quais caminhos seguir e elevada rejeição dos colaboradores em relação aos próprios cargos (e salários também), resultando em alta rotatividade. Ao me deparar frequentemente com essas questões, comecei a me questionar: por que estamos assim? O que está errado?

Cheguei a diversas respostas, mas, particularmente, a principal e mais sistêmica que encontrei (e testei) foi que a maioria das empresas e dos líderes está (ou acaba ficando) desconectada dos verdadeiros propósitos. Perdeu contato com o significado de sua existência. Em um mundo cada vez mais espiritualizado, a falta de empresas espiritualizadas gera uma desconexão. Uma empresa espiritualizada possui como propósito principal algo maior que ela mesma e todo o seu esforço se volta a esse propósito. Nela, o lucro é consequência, e não o objetivo primário.

Estratégias elaboradas que não sigam tais propósitos ocasionam, naturalmente, problemas, dificuldade de liderança e até mesmo não obtenção de bons resultados. Explicarei alguns pontos.

Toda empresa é uma alma coletiva constituída por pessoas que trabalham nela e por clientes que se relacionam com ela por meio de seus produtos. Para florescer, é preciso cuidar dessa alma. Entre todos os cuidados, aquele que nos traz mais resultados (em diversos aspectos) é estar em contato com aquilo que amamos. Como todo ser humano, essa alma coletiva está no máximo de sua satisfação quando alinha suas realizações com aquilo que lhe traz felicidade.

Segundo Martin Seligman, psicólogo americano, a felicidade é a soma de três fatores diferentes: prazer, engajamento e significado. Por mais simples que isso possa parecer, saber que pertencemos a atividades ligadas a propósitos maiores, como fazer algo ao outro, é a forma mais eficaz de ser feliz. Por isso é comum ver, em empresas com bons propósitos, com a alma voltada ao bem, pessoas mais engajadas. Naturalmente, tais locais atraem pessoas com o perfil de "bom funcionário", que trabalham porque gostam de trabalhar, pois é natural sentir-se bem fazendo o bem. Por experiência, também atraem mais clientes. Declarar o nosso propósito atrai pessoas preocupadas com o mesmo que nós, dispostas a comprar nossa ideia por uma questão pessoal. Como diz o mantra de Simon Sinek, "pessoas não compram o que você faz, e sim o porquê faz".

Ao guiar empresas e líderes nesse caminho, percebi que quando estavam em contato com seus propósitos e desejavam cumpri-los, os problemas costumeiros eram naturalmente resolvidos. Os líderes passaram a ter consciência de quais caminhos deviam seguir e as equipes de colaboradores (e novos colaboradores) se tornaram mais motivadas e encorajadas (coragem é agir com o coração) a trabalhar pela empresa. Não foi só internamente que tudo mudou. Os resultados financeiros começaram a crescer exponencialmente.

Ao olhar o mercado, é possível perceber exemplos de empresas que, conectadas a boas missões, colheram bons frutos: Apple, Natura, Whole Foods, entre outras. No histórico de cada uma delas, também é possível perceber o que a desconexão com seus propósitos ocasiona nos resultados. No caso da Apple, ao afastar Steve Jobs (mesmo tendo no comando um executivo de renome como John Sculley), a lucratividade diminuiu. Ao retornar ao cargo executivo, Jobs, com a ajuda de uma equipe extremamente prática e capaz, voltou a revolucionar o mercado.

Assumir e viver tais propósitos ao mesmo tempo não é tão simples assim. Primeiro, precisamos entender a importância disso para a empresa. Depois, é essencial iniciar um caminho de mudanças, descobertas e desenvolvimento de nós e de todos os envolvidos. Conforme avançamos, cada passo dado precisa ser internalizado, primeiro em nós e, depois, na corporação. Assim, essas novas identidades vão se assumindo, interna e externamente, até que todos os níveis neurológicos sejam adaptados. Para seguir todos esses passos, é extremamente importante ter ferramentas e parceiros que nos auxiliem. O coaching executivo consegue auxiliar o despertar do líder e implementar esse propósito, respeitando cada processo, assegurando que os caminhos não sejam desviados e permitindo que o líder seja o agente transformador de toda a empresa.

O mundo mudou e está mudando. Cada vem mais surgem empresas jovens, preocupadas com pessoas, o meio ambiente e o mundo. Esta não é a nova era na qual estamos entrando. Nós já estamos nela. Encontrar o verdadeiro propósito de sua empresa e vivê-lo é a ajuda que o mundo precisa de cada um de nós.

4
COACHING EXECUTIVO NA OPINIÃO DOS PARTICIPANTES

DESENVOLVIMENTO DE UMA VISÃO E MISSÃO COMPARTILHADAS

Vários coaches entrevistados relataram perceber nos processos de coaching de negócios que quando a missão e os valores estão bem definidos e presentes no dia a dia da empresa, há muito mais engajamento e comprometimento dos colaboradores. Tal situação ocorre porque as pessoas se motivam muito mais com algo que se relacione à sociedade ou ao mundo e não simplesmente que beneficie a empresa e seus acionistas.

Pense no que é mais motivador: trabalhar para garantir o bônus do principal executivo da empresa segundo uma meta mensal ou estar em uma empresa que busca transformar a relação das pessoas para desenvolver um mundo sustentável? O que mais atrai atualmente os jovens talentos: ter uma carreira cujos pais aprovariam ou participar de um projeto cuja missão é colaborar com a transformação das pessoas para um mundo ao qual todos queiram pertencer? O que é mais gratificante para equipes da área técnica: trabalhar e se aposentar após obterem bons resultados financeiros ou fazer parte de projetos voltados a que as pessoas tenham uma vida melhor a partir da solução de problemas ainda não solucionados?

Visão e missão refletem isso: aquela se relaciona a um futuro desejado que será atingido mediante a existência e a prática desta. Pergunte aos líderes:

> **O que é praticar a missão da empresa?**
>
> Sua divisão instituiu uma missão própria inspiradora alinhada com a missão da empresa?

Quando o líder decide realizar ou não uma atividade ou participar de um projeto, ele deve considerar qual a missão. A ação leva ou conflita com a missão? Ao gerir o tempo, ele deve considerar o que é importante e o que é urgente com base em quatro quadrantes. Importante é aquilo que está diretamente relacionado com a missão. Urgente o que se não for feito imediatamente trará sérias consequências indesejadas. Assim tudo o que ele fizer se enquadra em um dos quatro quadrantes resultantes:

- *Importante e urgente*
- *Importante e não urgente*
- *Não importante e urgente*
- *Não importante e não urgente*

Coaching é um ótimo caminho para lembrar os executivos de alocar tempo semanal para o quadrante importante e não urgente, que normalmente é deixado de lado para que as demandas urgentes sejam atendidas. Afinal, nada de mal acontecerá se nada fizermos em relação a esse último quadrante nesta semana. Da mesma forma, na próxima semana e na seguinte também.

No final, passa-se um ano e nada ou muito pouco foi feito. De acordo com esse conceito, a folha de pagamento dos colaboradores poderá ser urgente, dependendo do momento, e deverá ser liberada pelo executivo responsável, mas, perceba, não é importante. Só que ele será lembrado e, se necessário, várias vezes se não o fizer durante a semana que se espera que ele faça essa atividade. Já ninguém o lembrará ou o cobrará se ele não dedicar um minuto à construção da missão da sua divisão com seus colaboradores durante a semana.

Assim, quantas horas semanais são necessárias para desenvolver a missão (importante e não urgente)? Essa é uma boa questão a ser abordada nos processos que você conduzir como coach. Ajude seu cliente a explorar estes aspectos:

> **Quanto tempo você reserva para o quadrante não urgente e para o importante?**
>
> O que acontecerá nos próximos seis meses se continuar agindo da forma como está?
>
> **O que é desejável?**
>
> O que você mudará?

Já com uma visão total, constrói-se a visão de cada departamento ou setor. Todos passam a perceber o cenário maior e como se relacionam localmente com ele. Decisões tomadas nos mais diferentes níveis hierárquicos passam a fazer sentido. Tais decisões, como gestão de tempo e investimentos, criarão um ambiente onde farão total diferença no engajamento das equipes. O foco deixa de ser o problema e passa a ser a solução e o cenário desejado.

4
COACHING EXECUTIVO NA OPINIÃO DOS PARTICIPANTES

LÍDER COACH OU LÍDER QUE ENSINA

O pensamento sistêmico é um dos pontos bastante mencionados pelas pessoas que participaram da pesquisa.

Entende-se por sistema o conjunto de elementos que se inter-relacionam, com um objetivo comum, em uma contínua relação de mudança e influência. Dessa forma, o indivíduo é um sistema ou mesmo o agrupamento de vários sistemas. Não falamos em sistema digestivo ou respiratório? Eles não pertencem a um único indivíduo? Da mesma forma, uma empresa, a família, um departamento e o mercado são sistemas.

Muitas vezes, os executivos não consideram o sistema ao tomar decisões. Isto fica evidente quando eles não avaliam as consequências geradas pelos seus comportamentos. Parece haver um filtro de onde observam apenas aquilo que lhes interessa. Poucos conseguem dominar a dinâmica social de uma decisão.

Em A quinta disciplina, Peter Senge explora aspectos abordados na pesquisa. Segundo ele, o pensamento sistêmico é uma disciplina para visualizar o todo. É um quadro referencial para ver inter-relacionamentos em vez de eventos, padrões de mudança em vez de fotos instantâneas. Ao analisarem um contexto, o grande desafio dos líderes é ficarem expostos a detalhes complexos. Um deles é a complexidade dinâmica, situação em que causa e efeito são sutis, na qual os efeitos das intervenções, ao longo do tempo, não são óbvios. A complexidade dinâmica surge quando uma mesma ação provoca efeitos drasticamente

CASOS DE
coaching

ENSINAR OU AJUDAR A APRENDER? AO ESCREVER ESSA PARTE DO LIVRO LEMBREI DE UM CASO ENVOLVENDO UMA COACHEE MINHA QUE TINHA SIDO RECÉM PROMOVIDA À FUNÇÃO DE LIDERANÇA E QUE ESTAVA SUPERMOTIVADA SEM SE DAR CONTA DE QUE AINDA NÃO ESTAVA PREPARADA PARA ALGUMAS ATRIBUIÇÕES DO SEU NOVO CARGO.

Bruna era uma jovem promissora que tinha sido promovida à função de uma das líderes na área de Recursos Humanos de uma grande empresa do ramo de telecomunicações.

Logo após essa promoção, sua gestora, Alice, a convidou a conduzir uma reunião com profissionais da área de TI para a apresentação de uma nova metodologia de trabalho e também o levantamento das necessidades que os profissionais daquele setor pudessem ter. De personalidade bastante otimista, Bruna ficou muito motivada com essa tarefa, percebida por ela como uma oportunidade de exercer atividades mais desafiadoras (e gratificantes) de sua nova função. Não tinha a percepção, entretanto, que não estava preparada. Sua gestora, Gerente de RH, em função dos bons trabalhos e resultados obtidos por Bruna antes de ser promovida, tinha uma imagem dela de alta competência e manteve a mesma postura de líder distante que dá muita autonomia de antes da promoção.

> Se Alice estivesse trabalhando com um coach, esse poderia ter trabalhado com ela os aspectos que envolviam essa situação. Perguntas sobre o comprometimento e competência de Bruna para aquela tarefa específica poderiam ter sido feitas e que, dependendo das respostas levariam Alice a refletir que tipo de apoio (ensinar, ajudar a aprender, ...) Bruna necessitava. A conclusão poderia ser que Alice teria que apoiar Bruna com informações sobre a tarefa a ser executada.

À medida que o tempo passa, experiências e conhecimentos vão sendo adquiridos. Ao mesmo tempo vários são os resultados indesejados que, devido à inexperiência ou falta de conhecimento, desmotivam o colaborador que incialmente estava empolgado com o novo desafio. Muitos daqueles que desistem dos novos cargos precisam nesse momento de apoio emocional e mais informações. O que eles menos precisam é de alguém os criticando ou ameaçando pelo baixo desempenho apresentado.

Voltando ao caso Bruna, a reunião foi bastante desafiadora para ela. Logo no início já foram feitas perguntas para as quais ela não estava preparada. Os participantes adotaram uma postura, percebida por Bruna como agressiva o que a desestabilizou. Naquele dia ela voltou para casa bastante desanimada.

Alice ao saber do ocorrido começou a se preocupar se tinha tomado a decisão mais correta ao indicar Bruna para a promoção. Vários foram os pensamentos e a sua sensação era um pouco de raiva uma vez que acreditava ter resolvido um problema com a promoção de Bruna e agora começava a perceber que tinha se enganado. Não ocorreu a Alice que o que ela precisa ser naquele momento era uma líder que apoia alguém que está realizando uma tarefa pela primeira vez e que ainda não atingiu o nível desejado dentre de uma curva de aprendizado. Alice tampouco se deu conta de que ela como líder não tinha dado o apoio necessário para a Bruna.

Um coach nesse momento poderia ter ajudado Alice mais uma vez a identificar qual a situação do seu liderado para aquela tarefa e a encontrar a melhor postura para a líder com perguntas do tipo:

> **Qual é a competência da Bruna para essa tarefa?**
>
> E a motivação depois do ocorrido?
>
> **Como você pode motivar alguém nessa situação?**
>
> Quais são as palavras e atitudes de encorajamento?

Chegará o momento em que aqueles que foram bem apoiados e supridos de informações dominarão a nova função ou cenário, mas não se sentirão totalmente confiantes em executar algumas tarefas ou lidar com alguns cenários específicos. Por exemplo, tal situação ocorre com profissionais que conduzem muito bem reuniões, mas sentem-se acuados na presença de pessoas com vasto conhecimento. Sem perceber, adotam uma postura arrogante ou distante como forma de se proteger. Outros podem se esquivar desses encontros. Esse é o momento de o líder assumir ferramentas de coaching. Nesse estágio, seus liderados não precisam nem querem alguém lhes dizendo como devem agir ou lhes dando instruções, mas sim que os convide a estarem no seu melhor e os ajude a ampliar suas percepções, gerando mais opções para atingirem seus objetivos. Já leu isso em algum lugar? Isso mesmo, chegou o momento do líder coach.

O tempo passou e Bruna conseguiu vencer seus desafios no que diz respeito a conduzir reuniões com outros departamentos. Ela conseguiu que Alice a orientasse com informações e instruções precisas sob como conduzir uma reunião, foi apoiada emocionalmente quando os resultados não foram os desejados e praticou bastante. Agora ela se encontra mais confiante e com competência para essa atividade.

É nesse cenário que Alice a convoca para fazer uma apresentação do seu setor a um grupo de diretores, considerados bastante exigentes pelos colaboradores da empresa. Bruna fica bastante insegura com essa nova tarefa. Pensamentos e emoções relacionadas com a sua primeira condução de reunião, aquela com o pessoal de TI, voltam.

É nesse momento, em que Bruna tem competência para executar uma tarefa, mas não está segura, é que Alice precisa ser uma líder coach. Ela já sabe como fazer, não é necessário explicar para Bruna. Ela precisa ser convidada para ir para o melhor dela. O coach de Alice pode ajudá-la a identificar esses momentos e as melhores atitudes a serem adotadas.

Finalmente, chegará a ocasião em que seu liderado dominará plenamente a função. Sua colaboração será ajudá-lo a se conectar a cenários mais amplos e uma liderança que delega totalmente é a que produz os melhores resultados.

Outros fatores que poderão também determinar sua participação como líder coaching incluem o risco envolvido em determinados contextos, a necessidade de ideias novas e criativas no contexto considerado, a capacidade de as pessoas evoluírem em relação ao resultado desejado e disposição da empresa em investir no desenvolvimento dos colaboradores.

É importante perceber que para uma dada tarefa, um liderado pode encontrar-se em uma das situações anteriores, mas, em outra, poderá estar em uma situação diferente. O estilo de liderança também variará conforme o momento. Os problemas mais comuns ocorrem quando o líder adota um estilo de professor, passando a determinar como aqueles que já dominam uma função ou tarefa devem agir.

Em que situação se encontra cada um dos seus liderados em relação às principais tarefas que desempenham?

O que você conversou com eles a esse respeito?

Como é sua atuação?
O que você precisa mudar?

Quais resultados estão sendo obtidos?
Há evolução dos mais produtivos?

COACHING EXECUTIVO NA OPINIÃO DOS PARTICIPANTES

EVOLUÇÃO PROFISSIONAL

O último dos tópicos citados na pesquisa se relaciona ao momento em que o líder ascende na hierarquia e passa a ser responsável por uma função em um nível hierárquico mais alto. Foram mencionadas várias situações em que algo não deu certo e o líder não correspondeu às expectativas, principalmente nos momentos iniciais de executar a nova função. Será que coaching pode ajudar nessa etapa? Vamos considerar alguns aspectos que respondem a essa questão.

Os líderes no topo das empresas chegaram onde estão depois de passar por várias mudanças de função. A cada mudança, um desafio se apresentou. As pessoas são promovidas porque apresentam potencial para se desenvolverem profissionalmente e, portanto, assumir desafios maiores, pela disposição e forte desejo que têm de enfrentá-los e pelos resultados apresentados até o momento da promoção.

Para obter bons resultados, o líder estrutura seu tempo de determinada maneira, utilizando habilidades específicas. Ao iniciar uma nova função, tende a continuar agindo da mesma forma. Só que agora a nova função exige diferentes habilidades e novas maneiras de pensar e usar o tempo.

Vamos citar o exemplo de Rodolfo que, durante algum tempo, foi vendedor de uma empresa que fornecia equipamentos de medição de vazão e pressão para indústrias. Nessa função, ele dedicava todo o tempo disponível para obter excelentes resultados de venda, programava e preparava suas visitas, utilizava material desenvolvido pelo marketing, entrava em contato com os clientes, seja a distância, seja presencialmente, interagia com as áreas técnicas da empresa onde trabalhava e as de seus clientes e conduzia todo o processo até que os contratos de venda fossem assinados. Nessas etapas, as competências que ele utilizava incluíam seu conhecimento sobre os produtos e processos industriais, suas habilidades com vendas consultivas e a capacidade de gerir o tempo de forma adequada. Algumas crenças pessoais o ajudaram significativamente a obter bons resultados. Entre elas, acreditava ser necessário trabalhar muito, que o "não" de um cliente era um fator motivador, que a autossuficiência era uma de suas características de sucesso e que o tempo dedicado a reuniões internas era tempo perdido, pois o que importava era estar em contato com os clientes. Esse conjunto de competências levou Rodolfo a obter resultados que chamaram a atenção da empresa. Posteriormente, ao ser aberta a vaga de supervisor, todos o elegeram para ocupar a nova função.

Há duas situações que ocorrem com profissionais promovidos a um nível hierárquico superior como ocorreu com Rodolfo. A primeira é manterem as mesmas competências, crenças e valores anteriores. Isso acontece porque essa é a zona de conforto que conhecem, tendo sido tais características responsáveis pela promoção. Contudo, agora, o cenário é outro. Rodolfo não pode mais continuar investindo tempo em visitas a clientes para fechar contratos de vendas.

Da mesma forma, reuniões são essenciais para alinhar os objetivos do departamento com os vendedores. Tais encontros não significam mais perda de tempo. Cobrar resultados de cada um dos vendedores individualmente não é o procedimento mais adequado nem se irritar ao perceber que há vendedores que trabalham em ritmo mais lento que o considerado normal. Quais resultados você acredita que Rodolfo obterá se continuar a agir como um vendedor só que agora com o cargo de supervisor?

A segunda opção para Rodolfo é perceber que, em razão da nova função, uma nova etapa se inicia em sua carreira e ele terá que mudar. Agora, não fará mais o trabalho, delegando-o a outros para que o façam. Parte de seu tempo será ocupada com visitas a clientes para fechar alguns contratos, mas apenas os de alto valor para a empresa, o que representa apenas 5% das visitas que fazia.

Ao visitar futuros clientes ou empresas em potencial, terá objetivos diferentes, como acompanhar e treinar seus vendedores com informações estratégicas observadas no mercado. Outra parte do tempo preenchida com mais visitas agora será dedicada a aprimorar cada vendedor, fazendo a equipe evoluir cada vez mais.

Além disso, suas novas competências incluem entender a natureza humana, perceber que as pessoas são diferentes, dar e pedir feedback. Rodolfo compreende que depende dos outros, que autossuficiência não levará a obter o melhor desempenho de um departamento, pois o trabalho em equipe gera melhores resultados, e, por isso mesmo, reuniões na dose certa e bem preparadas são muito importantes para incrementar bons resultados e difundir conhecimento. Trabalhar bem é melhor do que trabalhar muito. Quais resultados você acredita que Rodolfo obterá?

Ao desempenhar bem a nova função, Rodolfo é novamente promovido e passa a ser gerente de vendas. Ele tinha subordinados e continuará a tê-los. Seus liderados diretos tornam-se supervisores. Nesse momento é essencial que os novos liderados entendam que são líderes de vendedores. Não poderão ser vendedores disfarçados de supervisores.

No nível seguinte, Rodolfo deverá entender as objeções de seus clientes e posicionar a empresa de modo a superá-las, tornando-a criadora de diferenciais competitivos. Estará envolvido em escolher profissionais que ocuparão cargos de gerência e deverá prepará-los para tal. Eu poderia continuar com esse exemplo até Rodolfo chegar à presidência de um grande conglomerado.

Nos processos de coaching, solicito a meus coachees que preencham um quadro com os comportamentos, focos de atenção e estruturação do tempo baseados para cada nível hierárquico existente na empresa. Esse quadro pode variar de empresa para empresa. Para cada um dos itens é dada uma nota de 0 a 5, sendo 0 não se aplica (ou nunca) e 5 totalmente verdade (ou sempre). A totalização das notas permite perceber o quanto cada um evoluiu em relação a cada um desses três aspectos e comparar tais informações com o nível hierárquico que ocupam. Esse processo tem-se mostrado revelador para muitos.

Qual foi o nível que deu a maior pontuação?

Quais outros níveis deram pontuações elevadas?

O que a empresa espera de você nesse sentido? Como sabe disso?

Quais mudanças são necessárias?

Quais serão os primeiros passos nesse sentido? O que é necessário para serem sistêmicos?

Qual será o resultado dessas mudanças?

4
COACHING EXECUTIVO NA OPINIÃO DOS PARTICIPANTES

UMA "ÚLTIMA PALAVRA"

Espero que a leitura deste livro, assim como as práticas de responder às perguntas ou as dinâmicas aqui apresentadas, tenham feito diferença para você. Lembre-se de que a maioria dos coaches não segue um roteiro específico, visto que cada um desenvolve uma metodologia própria ou segue um formato exclusivo para cada cliente. Utilize o que você aprendeu para desenvolver ou melhorar sua metodologia. O coach que acredita que seus clientes têm todos os recursos de que precisam para desenvolver e atingir seus objetivos e decidir o melhor caminho a seguir é o que está mais próximo de ajudá-los em uma dimensão alinhada com coaching.

Em um mundo que se transforma cada vez mais rapidamente, o coaching deverá estar a serviço do homem, de uma sociedade mais justa e equilibrada, onde o lucro financeiro das empresas será a consequência do respeito aos mais elevados valores da humanidade.

BIBLIOGRAFIA

- BERGREEN, Laurence – Over the Edge of The World Magellan's Terrifying Circumnavigation of the Globe – Happer Perennial

- BERNE, Eric - O Que Você Diz Depois de Dizer Olá – Nobel

- BERNE, Eric – Os Jogos Da Vida – Nobel

- BOGDA, Ginger Lapid – Bringing Out the Best at Yourself at Work – McGraw Hill

- BOGDA, Ginger Lapid Bringing Out the Best in People You Coach – McGraw Hill

- CORTEZ, João Luiz em coautoria – Coaching com Eneagrama – Editora Leader

- CURSINO, Nicolai – Eneagrama Para Líderes Autoconhecimento e Maturidade para o Desenvolvimento de sua Liderança – Qualitymark

- DILTS, ROBERT – Sleight Of Mouth – The Magical of Conversational Belief Change – Metamorphous Press

- DILTS, Robert e DELOZIER, Judith – Encyclopedia of System NLP and NLP New Coding – NLP University Press

- DILTS, Robert, HALLBOM, Tim e SMITH, Suzy – Beliefs, Pathways to Health & Well-Being – Metamorphous Press

- EKMAN, Paul e ROSENBERG, Erika – What The Face Reveals Basic and Applied Studies of Spontaneous Expression Using The Facial Action Coding System – Oxford University Press

- GALLWEY, W. Timothy – O Jogo Interior do Tênis – Editora Texto Novo

- HARRIS, Thomas - Eu Estou Ok Você Está Ok – Editora Record

- JAWORSKI, Joseph – Sincronicidade O Caminho Interior Para a Liderança – Editora Best Seller

- MCKEEN, Jock e WONG, Bennet – The Illuminated Heart Perspectives on East-West Psychology and Thought – The Haven Institute Press

- MORAES, Pedro Ivo – Empresas Espiritualizadas – DVS Editora

- MOSCOVICI, Fela – Desenvolvimento Interpessoal – José Olympio Editora

- O' CONNOR, Joseph - Manual De PNL – Qualitymark

- POLLOCK, Roy, WICK, Calhoun e JEFFERSON, Andrew – 6Ds As Seis Disciplinas Que Tranformam Educação em Resultados Para O Negócio – Editora Évora

- RACKHAM, Neil – Alcançando a Excelência em Vendas Spin Selling – M.Books

- ROBERTO, Michael - Why Great Leaders Don't Take an Yes For an Answer – Wharton School Publishing

- SENGE, Peter – A Quinta Disciplina a Arte e a Prática da Organização Que Aprende – Editora Best Seller

- STEIN, Murray – Jung O Mapa da Alma – Editora Cultrix

- STEWART, Ian e JONES, Vann - TA Today – Lifespace Publishing

- WILBER, Ken – A Visão Integral – Cultrix